本書係「敦煌文獻系統性保護整理出版工程」項目成果

二〇二一—二〇三五年國家古籍工作規劃重點出版項目

「十四五」國家重點出版物出版規劃項目

國家古籍整理出版專項經費資助項目

中國國家圖書館藏
敦煌文獻

中國國家圖書館 編

第七五册

BD01109～BD01122

國家圖書館出版社

DUNHUANG MANUSCRIPTS IN THE NATIONAL LIBRARY OF CHINA

075

BD01109 ~ BD01122

compiled by the

National Library of China

National Library of China Publishing House

顧問
方廣錩　郝春文　榮新江　李際寧

編纂出版
張志清　魏　崇　陳紅彦　殷夢霞　薩仁高娃
謝冬榮　劉　波　林世田　廖生訓

編纂
林世田　薩仁高娃　常蓋心　于　瑞　劉毅超
烏心怡　劉　波　劉炳梅　周升川　劉　婷
程佳羽　沈艷麗　高　雅

編輯
潘　竹　程魯潔　黄　鑫　苗文葉

審稿
孫　彦　耿素麗　宋志英　鄧咏秋

凡例

一　本書刊布中國國家圖書館藏敦煌文獻，以館藏編號爲序編排。

二　館藏編號采用「BD+流水號」格式，如BD00001, BD16579等。背面在編號後加v表示。一個編號包含多件文獻者，編號後分別綴以字母A, B, C等。一件文獻含有多個内容者，以數字-1, -2, -3等標明順序。

三　圖版有縮印或放大處另加説明，尺寸超出本書幅面的以摺葉形式呈現。

四　卷軸裝、梵夾裝、經摺裝等裝幀形制的敦煌文獻，各附外觀圖像。

五　每件文獻依次呈現外觀、正面、背面等。背面僅刊布有文字、圖像或其他要素的圖版，而略去素紙部分，背面圖版同樣以從右到左順序編排。凡有外題者，遵從以上原則。

六　除個別特殊情況外，爲保證閱讀連貫、流暢，圖版儘量通欄呈現。

七　各葉上方附該件文獻全圖，以高亮形式顯示本葉大圖在全卷中的位置。部分長卷文獻全圖衹能分多段呈現時，在上段末以符標示下段接續。卷尾内容不足一葉時，文獻全圖使用該圖卷尾部分，亦以符標示。背面圖版文字與正面文字方向相反時，文獻全圖按原貌顯示，正文翻轉呈現，以便閱讀研究，用符標示。

八　文獻題名大體沿用中國國家圖書館此前所編多部敦煌文獻目録的考證，部分吸收學界最新研究成果略作調整和完善。文獻題名綜合參考原卷首題、尾題、外題確定，如原卷題名與該文獻正式名稱不同，則采用正式名稱；無題名者，或比定題名，或擬定新名。非漢文文獻在題名前標注語種。有分卷不同等其他情況者，括注於文獻名稱後。

九　本書著録使用通行繁體字，涉及原文中的人名、地名等，必要時保留原字形。

About this publication

1. The documents are presented in shelfmark order.
2. The shelfmarks are in the form BD plus a running number, eg. BD00001, BD16579, &c. If a given shelfmark contains multiple documents, these are distinguished by the letters A, B, C, &c. If a document has multiple contents, they are distinguished by the numbering 1, 2, 3, &c. The verso side of an item is indicated by the letter v.
3. If it has been necessary to reduce or enlarge the size of an illustration, the dimensions are indicated. If the size of an illustration exceeds the size of the book, a folding sheet is used.
4. If the document is a scroll, a folded sutra, or has a stitched binding, a picture of the whole object is provided to show its external appearance.
5. The cover, front, and back of each document are reproduced in sequence. The back of a document is only reproduced if it contains text, illustrations, or other markings, and it is oriented from right to left. If it is blank it is not reproduced.
6. Except in a few special cases, the lines of text are reproduced unbroken to make them coherent and easier to read.
7. An illustration of the complete document is reproduced at the top of each page, and the section where the main illustration appears is highlighted in order to indicate its position. If it has only been possible to reproduce a long scroll in sections, the direction symbol has been used to indicate where one illustration ends and the next one begins. If the end of the scroll occupies less than one page, the direction symbol is used to indicate its position in the illustration of the complete document. If the text on the back of the document has a different orientation from the text on the front, it is reproduced as it is, but is also rotated (indicated with the rotation symbol) so that it can be read easily.
8. The titles of the documents generally conform with those already established by the Library, but in some cases have been amended by drawing on the most recent scholarly research. The titles are derived firstly from the beginning of the text, then from the end of the text, and lastly from the cover. If the title of a document differs from its authoritative form, the authoritative form is used; and if a document has no title, one is either supplied by comparison with similar documents, or a new one is devised. If the document is not in Chinese, its language is indicated before the title. If the number of juan is different from that of the authoritative version, or if there are other irregularities, this is noted.
9. The documents in the book are in traditional Chinese characters. Where the title contains personal or place names, the original characters used for these names are retained.

(Translated by David Helliwell)

第七五冊目録

BD01109 妙法蓮華經卷五

（後秦）鳩摩羅什 譯

784.5cm × 25.3cm

諸佛身金色 百福相莊嚴 聞法為人說 常有是好夢
又夢作國王 捨宮殿眷屬 及上妙五欲 行詣於道場
在菩提樹下 而處師子座 求道過七日 得諸佛之智
成无上道已 起而轉法輪 為四衆說法 經千万億劫
說无漏妙法 度无量衆生 後當入涅槃 如烟盡燈滅
若後惡世中 說是第一法 是人得大利 如上諸功德

妙法蓮華經從地踊出品第十五

尒時他方國土諸來菩薩摩訶薩過八恒河
沙數於大衆中起立合掌作礼而白佛言世
尊若聽我等於佛滅後在此娑婆世界勤加精
進護持讀誦書寫供養是經典者當於此土
而廣說之尒時佛告諸菩薩摩訶薩衆止善
男子不須汝等護持此經所以者何我娑婆
世界自有六万恒河沙等菩薩摩訶薩一一

我滅後護持讀誦廣說此經佛說是時娑婆
世界三千大千國土地皆震裂而於其中有
无量千万億菩薩摩訶薩同時踊出是諸菩
薩身皆金色三十二相无量光明先盡在此
娑婆世界之下此界虛空中住是諸菩薩聞
釋迦牟尼佛所說音聲從下發來一一菩薩
皆是大衆唱導之首各將六万恒河沙眷屬
況將五万四万三万二万一万恒河沙等眷
屬者況復乃至一恒河沙半恒河沙四分之
一乃至千万億那由他分之一況復千万億
那由他眷屬況復億万眷屬況復千万百万
乃至一万況復一千一百乃至一十況復將

乃至一万况復一千一百乃至一十况復將
五四三二一弟子者况復單己樂遠離行如
是等比无量无邊筭數譬喻所不能知是諸
菩薩從地出已各詣虚空七寶妙塔多寶如
来釋迦牟尼佛所到已向二世尊頭面礼足
及至諸寶樹下師子座上佛所亦皆作礼右
繞三帀合掌恭敬以諸菩薩種種讚法而以
讚歎住在一面欣樂瞻仰於二世尊是諸菩
薩摩訶薩從初踊出以諸菩薩種種讚法而
讚於佛如是時間經五十小劫是時釋迦牟
尼佛嘿然而坐及諸四衆亦皆嘿然五十小
劫佛神力故令諸大衆謂如半日尒時四衆
亦以佛神力故見諸菩薩遍滿无量百千万
億國土虚空是菩薩衆中有四導師一名上

菩薩於其衆中最為上首唱導之師在大衆
前各共合掌觀釋迦牟尼佛而問訊言世尊
少病少惱安樂行不所應度者受教易不不
令世尊生疲勞耶尒時四大菩薩而說偈言
世尊安樂　少病少惱　教化衆生　得无疲惓
又諸衆生　受化易不　不令世尊　生疲勞耶
尒時世尊於菩薩大衆中而作是言如是如
是諸善男子如來安樂少病少惱諸衆生等
易可化度无有疲勞所以者何是諸衆生世
世已來常受我化亦於過去諸佛供養尊重
種諸善根此諸衆生始見我身聞我所說即
皆信受入如來慧除先脩習學小乘者如是

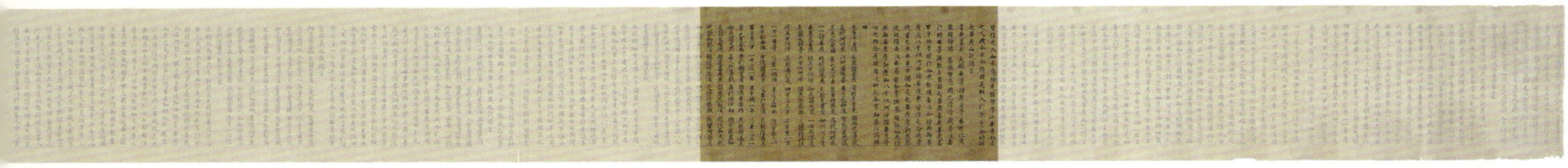

皆信受入如來慧除先脩習學小乘者如是
之人我今亦令得聞是經入於佛慧尒時諸
大菩薩而說偈言
善哉善哉　大雄世尊　諸衆生等　易可化度
能問諸佛　甚深智慧　聞已信行　我等隨喜
於時世尊讚歎上首諸大菩薩善哉善哉善
男子汝等能於如來發隨喜心尒時弥勒菩
薩及八千恒河沙諸菩薩衆皆作是念我等
從昔已來不見不聞如是大菩薩摩訶薩衆
從地踊出住世尊前合掌供養問訊如來時
弥勒菩薩摩訶薩知八千恒河沙諸菩薩等
心之所念并欲自決所疑合掌向佛以偈問
曰

是從何所来 以何因緣集 巨身大神通

其志念堅固 有大忍辱力 衆生所樂見 為從何所来

一一諸菩薩 所将諸眷属 其數无有量 如恒河沙等

或有大菩薩 将六万恒沙 如是諸大衆 一心求佛道

是諸大師等 六万恒河沙 俱来供養佛 及護持此經

将五万恒沙 其數過於是 四万及三万 二万至一万

一千一百等 乃至一恒沙 半及三四分 億万分之一

千万那由他 万億諸弟子 乃至於半億 其數復過上

百万至一万 一千及一百 五十與一十 乃至三二一

單己无眷属 樂於獨處者 俱来至佛所 其數轉過上

如是諸大衆 若人行籌數 過於恒沙劫 猶不能盡知

是諸大威德 精進菩薩衆 誰為其說法 教化而成就

從誰初發心 稱揚何佛法 受持行誰經 修習何佛道

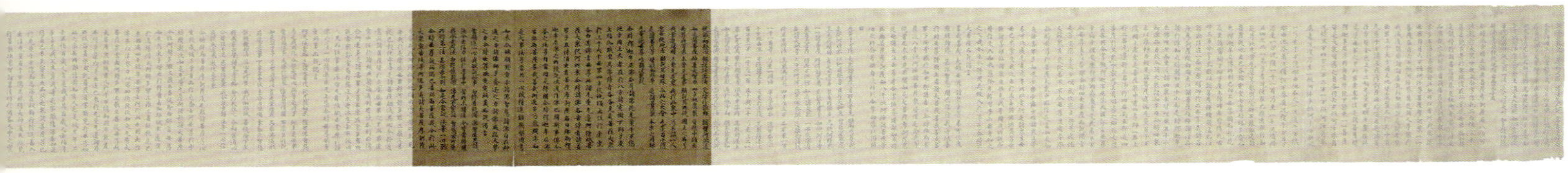

從誰初發心 稱揚何佛法 受持行誰經 脩習何佛道
如是諸菩薩 神通大智力 四方地震裂 皆從中踊出
世尊我昔來 未曾見是事 願說其所從 國土之名号
我常遊諸國 未曾見是衆 我於此衆中 乃不識一人
忽然從地出 願說其因緣 今此之大會 无量百千億
是諸菩薩等 皆欲知此事 是諸菩薩衆 本末之因緣
无量德世尊 唯願決衆疑
尒時釋迦牟尼佛分身諸佛從无量千万億
他方國土來者在於八方諸寶樹下師子座
上結跏趺坐 其佛侍者各各見是菩薩大衆
於三千大千世界四方從地踊出住於虛空
各白其佛言世尊此諸无量无邊阿僧祇菩
薩大衆從何所來尒時諸佛各告侍者諸善

迦牟尼佛之所授記次後作佛已問斯事佛今
答之汝等自當因是得聞爾時釋迦牟尼佛
告彌勒菩薩善哉善哉阿逸多乃能問佛如
是大事汝等當共一心被精進鎧發堅固意
如來今欲顯發宣示諸佛智慧諸佛自在神
通之力諸佛師子奮迅之力諸佛威猛大勢
之力爾時世尊欲重宣此義而說偈言
當精進一心　我欲說此事　勿得有疑悔　佛智叵思議
汝今出信力　住於忍善中　昔所未聞法　今皆當得聞
我今安慰汝　勿得懷疑懼　佛無不實語　智慧不可量
所得第一法　甚深叵分別　如是今當說　汝等一心聽
爾時世尊說此偈已告彌勒菩薩我今於此
大衆宣告汝等阿逸多是諸大菩薩摩訶薩

大衆宣告汝等阿逸多是諸大菩薩摩訶薩
无量无數阿僧祇從地踊出汝等昔所未見
者我於是娑婆世界得阿耨多羅三藐三菩
提已教化示導是諸菩薩調伏其心令發道
意此諸菩薩皆於是娑婆世界之下此界虛
空中住於諸經典讀誦通利思惟分別正憶
念阿逸多是諸善男子等不樂在衆多有所
說常樂靜處勤行精進未曾休息亦不依止
人天而住常樂深智无有障礙亦常樂於諸
佛之法一心精進求无上慧尒時世尊欲重
宣此義而說偈言

阿逸汝當知　是諸大菩薩　從无數劫來　脩習佛智慧
悉是我所化　令發大道心　此等是我子　依止是世界
常行頭陀事　志樂於靜處　捨大衆憒鬧　不樂多所說

如是諸子等 學習我道法 晝夜常精進 為求佛道故
在娑婆世界 下方空中住 志念力堅固 常勤求智慧
說種種妙法 其心无所畏 我於伽耶城 菩提樹下坐
得成最正覺 轉无上法輪 尒乃教化之 令初發道心
今皆住不退 悉當得成佛 我今說實語 汝等一心信
我從久遠來 教化是等衆
尒時弥勒菩薩摩訶薩及无數諸菩薩等心
生疑惑怪未曾有而作是念云何世尊於少
時間教化如是无量无邊阿僧祇諸大菩薩
令住阿耨多羅三藐三菩提即白佛言世尊
如來為太子時出於釋宮去伽耶城不遠坐
於道場得成阿耨多羅三藐三菩提從是已
來始過四十餘年世尊云何於此少時大作
佛事以佛勢力以佛功德教化如是无量大

未始過四十餘年世尊云何於此少時大作
佛事以佛勢力以佛功德教化如是无量大
菩薩衆當成阿耨多羅三藐三菩提世尊此
大菩薩衆假使有人於千万億劫數不能盡
不得其邊斯等久遠已來於无量无邊諸佛
所殖諸善根成就菩薩道常脩梵行世尊如
此之事世所難信譬如有人色美髮黑年二
十五指百歲人言是我子其百歲人亦指年
少言是我父生育我等是事難信佛亦如是
得道已來其實未久而此大衆諸菩薩等已
於无量千万億劫為佛道故勤行精進善入
出住无量百千万億三昧得大神通久脩梵
行善能次第習諸善法巧於問荅人中之寶
一切世間甚為希有今日世尊方云得佛

道時初令發心教化示導令向阿耨多羅三藐
三菩提世尊得佛未久乃能作此大功德事
我等雖復信佛隨宜所說佛所出言未曾虛
妄佛所知者皆悉通達然諸新發意菩薩於
佛滅後若聞是語或不信受而起破法罪業
因緣唯然世尊願為解說除我等疑及未來
世諸善男子聞此事已亦不生疑尒時彌勒
菩薩欲重宣此義而說偈言
佛昔從釋種　出家近伽耶　坐於菩提樹　尒來尚未久
此諸佛子等　其數不可量　久已行佛道　住神通智力
善學菩薩道　不染世間法　如蓮華在水　從地而踊出
皆起恭敬心　住於世尊前　是事難思議　云何而可信
佛得道甚近　所成就甚多　願為除眾疑　如實分別說
譬如少壯人　年始二十五　示人百歲子　髮白而面皺

譬如少壯人　年始二十五　示人百歲子　髮白而面皺
是等我所生　子亦說是父　父少而子老　舉世所不信
世尊亦如是　得道來甚近　是諸菩薩等　志固无怯弱
從无量劫來　而行菩薩道　巧於難問答　其心无所畏
忍辱心決定　端正有威德　十方佛所讚　善能分別說
不樂在人眾　常好在禪定　為求佛道故　於下空中住
我等從佛聞　於此事无疑　願佛為未來　演說令開解
若有於此經　生疑不信者　即當墮惡道　願今為解說
是无量菩薩　云何於少時　教化令發心　而住不退地

妙法蓮華經如來壽量品第十六

爾時佛告諸菩薩及一切大眾諸善男子汝
等當信解如來誠諦之語復告大眾汝等當
信解如來誠諦之語又復告諸大眾汝等當

信解如來誠諦之語是時菩薩大眾弥勒為
首合掌白佛言世尊唯願說之我等當信受
佛語如是三白已復言唯願說之我等當信
受佛語尒時世尊知諸菩薩三請不止而告
之言汝等諦聽如來祕密神通之力一切世
間天人阿脩羅皆謂今釋迦牟尼佛出釋
氏宮去伽耶城不遠坐於道場得阿耨多羅
三藐三菩提然善男子我實成佛已來无量
无邊百千万億那由他劫譬如五百千万億
那由他阿僧祇三千大千世界假使有人抹
為微塵過於東方五百千万億那由他阿僧
祇國乃下一塵如是東行盡是微塵諸善男
子於意云何是諸世界可得思惟校計知其
數不弥勒菩薩等俱白佛言世尊是諸世界

於意云何是諸世界可得思惟校計知其
數不弥勒菩薩等俱白佛言世尊是諸世界
无量无邊非筭數所知亦非心力所及一切
聲聞辟支佛以无漏智不能思惟知其限數
我等住阿惟越致地於是事中亦所不達世
尊如是諸世界无量无邊尒時佛告大菩薩
衆諸善男子今當分明宣語汝等是諸世界
若著微塵及不著者盡以為塵一塵一劫我
成佛已来復過於此百千万億那由他阿僧
祇劫自從是来我常在此娑婆世界說法教
化亦於餘處百千万億那由他阿僧祇國導
利衆生諸善男子於是中間我說然燈佛等
又復言其入於涅槃如是皆以方便分別諸
善男子若有衆生来至我所我以佛眼觀其

信等諸根利鈍隨所應度處處自說名字不
同年紀大小亦復現言當入涅槃又以種種
方便說微妙法能令眾生發歡喜心諸善男
子如來見諸眾生樂於小法德薄垢重者為
是人說我少出家得阿耨多羅三藐三菩提
然我實成佛已來久遠若斯但以方便教化
眾生令入佛道作如是說諸善男子如來所
演經典皆為度脫眾生或說己身或說他身
或示己身或示他身或示己事或示他事諸
所言說皆實不虛所以者何如來如實知見
三界之相无有生死若退若出亦无在世及
滅度者非實非虛非如非異不如三界見於
三界如斯之事如來明見无有錯謬以諸眾
生有種種性種種欲種種行種種憶想分別

三界如斯之事如來明見无有錯謬以諸衆
生有種種性種種欲種種行種種憶想分別
故欲令生諸善根以若干因緣譬喻言辭種
種說法所作佛事未曾暫廢如是我成佛已
來甚大久遠壽命无量阿僧祇劫常住不滅
諸善男子我本行菩薩道所成壽命今猶未
盡復倍上數然今非實滅度而便唱言當取
滅度如來以是方便教化衆生所以者何若
佛久住於世薄德之人不種善根貧窮下賤
貪著五欲入於憶想妄見網中若見如來常
在不滅便起憍恣而懷厭怠不能生難遭之
想恭敬之心是故如來以方便說比丘當知
諸佛出世難可值遇所以者何諸薄德人過
无量百千万億劫或有見佛或不見者以此

生等聞如是語必當生於難遭之想心懷戀
慕渴仰於佛便種善根是故如來雖不實滅
而言滅度又善男子諸佛如來法皆如是為
度眾生皆實不虛譬如良醫智慧聰達明練
方藥善治眾病其人多諸子息若十二十乃
至百數以有事緣遠至餘國諸子於後飲他
毒藥藥發悶亂宛轉于地是時其父還來歸
家諸子飲毒或失本心或不失者遙見其父
皆大歡喜拜跪問訊善安隱歸我等愚癡誤
服毒藥願見救療更賜壽命父見子等苦惱
如是依諸經方求好藥草色香美味皆悉具
足擣篩和合與子令服而作是言此大良藥
色香美味皆悉具足汝等可服速除苦惱无

足擣篩和合與子令服而作是言此大良藥
色香美味皆悉具足汝等可服速除苦惱无
復衆患其諸子中不失心者見此良藥色香
俱好即便服之病盡除愈餘失心者見其父
来雖亦歡喜問訊求索治病然與其藥而不
肯服所以者何毒氣深入失本心故於此好
色香藥而謂不美父作是念此子可愍為毒
所中心皆顛倒雖見我喜求索救療如是好
藥而不肯服我今當設方便令服此藥即作
是言汝等當知我今衰老死時已至是好良
藥今留在此汝可取服勿憂不差作是教已
復至他國遣使還告汝父已死是時諸子聞
父背喪心大憂惱而作是念若父在者慈愍
我等能見救護今者捨我遠喪他國自惟孤

色味香美即取服之毒病皆愈其父聞子悉
已得差尋便來歸咸使見之諸善男子於意
云何頗有人能說此良醫虛妄罪不不也世
尊佛言我亦如是成佛已來無量無邊百千
万億那由他阿僧祇劫為衆生故以方便力
言當滅度亦無有能如法說我虛妄過者尒
時世尊欲重宣此義而說偈言
自我得佛來　所經諸劫數　無量百千万　億載阿僧祇
常說法教化　無數億衆生　令入於佛道　尒來無量劫
為度衆生故　方便現涅槃　而實不滅度　常住此說法
我常住於此　以諸神通力　令顛倒衆生　雖近而不見
衆見我滅度　廣供養舍利　咸皆懷戀慕　而生渴仰心
衆生既信伏　質直意柔軟　一心欲見佛　不自惜身命

眾生既信伏　質直意柔軟　一心欲見佛　不自惜身命
時我及眾僧　俱出靈鷲山　我時語眾生　常在此不滅
以方便力故　現有滅不滅　餘國有眾生　恭敬信樂者
我復於彼中　為說无上法　汝等不聞此　但謂我滅度
我見諸眾生　沒在於苦惱　故不為現身　令其生渴仰
因其心戀慕　乃出為說法　神通力如是　於阿僧祇劫
常在靈鷲山　及餘諸住處　眾生見劫盡　大火所燒時
我此土安隱　天人常充滿　園林諸堂閣　種種寶莊嚴
寶樹多華果　眾生所遊樂　諸天擊天鼓　常作眾伎樂
雨曼陀羅華　散佛及大眾　我淨土不毀　而眾見燒盡
憂怖諸苦惱　如是悉充滿　是諸罪眾生　以惡業因緣
過阿僧祇劫　不聞三寶名　諸有脩功德　柔和質直者
則皆見我身　在此而說法　或時為此眾　說佛壽无量

久乃見佛者　為說佛難值　我智力如是　慧光照无量
壽命无數劫　久脩業所得　汝等有智者　勿於此生疑
當斷令永盡　佛語實不虛　如醫善方便　為治狂子故
實在而言死　无能說虛妄　我亦為世父　救諸苦患者
為凡夫顛倒　實在而言滅　以常見我故　而生憍恣心
放逸著五欲　墮於惡道中　我常知眾生　行道不行道
隨應所可度　為說種種法　每自作是意　以何令眾生
得入无上道　速成就佛身

妙法蓮華經分別功德品第十七

尒時大會聞佛說壽命劫數長遠如是无量无邊阿僧祇眾生得大饒益　於時世尊告彌勒菩薩摩訶薩　阿逸多　我說是如來壽命長遠時　六百八十万億那由他恒河沙眾生得无生法忍　復千倍菩薩摩訶薩得聞持陀羅

遠時六百八十万億那由他恒河沙衆生得无生法忍復千倍菩薩摩訶薩得聞持陁羅尼門復有一世界微塵數菩薩摩訶薩得樂說无礙辯才復有一世界微塵數菩薩摩訶薩得百万億无量旋陁羅尼復有三千大千世界微塵數菩薩摩訶薩能轉不退法輪復有二千中國土微塵數菩薩摩訶薩能轉清淨法輪復有小千國土微塵數菩薩摩訶薩八生當得阿耨多羅三藐三菩提復有四四天下微塵數菩薩摩訶薩四生當得阿耨多羅三藐三菩提復有三四天下微塵數菩薩摩訶薩三生當得阿耨多羅三藐三菩提復有二四天下微塵數菩薩摩訶薩二生當得阿耨多羅三藐三菩提復有一四天下微

三菩提復有八世界微塵數衆生皆發阿耨
多羅三藐三菩提心佛說是諸菩薩摩訶薩
得大法利時於虛空中雨曼陀羅華摩訶曼
陀羅華以散无量百千万億寶樹下師子座
上諸佛并散七寶塔中師子座上釋迦牟尼
佛及久滅度多寶如來亦散一切諸大菩薩
及四部衆又雨細末栴檀沉水香等於虛空
中天鼓自鳴妙聲深遠又雨千種天衣垂諸
瓔珞真珠瓔珞摩尼珠瓔珞如意珠瓔珞遍
於九方衆寶香爐燒无價香自然周至供養
大會一一佛上有諸菩薩執持幡蓋次第而
上至于梵天是諸菩薩以妙音聲歌无量頌
讚歎諸佛尒時彌勒菩薩從座而起偏袒右

上至于梵天是諸菩薩以妙音聲歌无量頌
讚歎諸佛尒時彌勒菩薩從座而起偏袒右
肩合掌向佛而說偈言
佛說希有法　昔所未曾聞　世尊有大力　壽命不可量
无數諸佛子　聞世尊分別　說得法利者　歡喜充遍身
或住不退地　或得陁羅尼　或无礙樂說　万億旋捴持
或有大千界　微塵數菩薩　各各皆能轉　不退之法輪
或有中千界　微塵數菩薩　各各皆能轉　清淨之法輪
復有小千界　微塵數菩薩　餘各八生在　當得成佛道
復有四三二　如是四天下　微塵諸菩薩　隨數生成佛
或一四天下　微塵數菩薩　餘有一生在　當成一切智
如是等衆生　聞佛壽長遠　得无量无漏　清淨之果報
復有八世界　微塵數衆生　聞佛說壽命　皆發无上心
世尊說无量　不可思議法　多有所饒益　如虛空无邊

雨栴檀沉水 繽紛而亂墜 如鳥飛空下 供散扵諸佛
天鼓虛空中 自然出妙聲 天衣千万種 旋轉而來下
衆寶妙香爐 燒无價之香 自然悉周遍 供養諸世尊
其大菩薩衆 執七寶幡蓋 高妙万億種 次第至梵天
一一諸佛前 寶幢懸勝幡 亦以千万偈 歌詠諸如來
如是種種事 昔所未曾有 聞佛壽无量 一切皆歡喜
佛名聞十方 廣饒益衆生 一切具善根 以助无上心
尒時佛告弥勒菩薩摩訶薩阿逸多其有衆
生聞佛壽命長遠如是乃至能生一念信解
所得功德无有限量若有善男子善女人為
阿耨多羅三藐三菩提扵八十万億那由他
劫行五波羅蜜檀波羅蜜尸羅波羅蜜羼提
波羅蜜毗梨耶波羅蜜禪波羅蜜除般若波

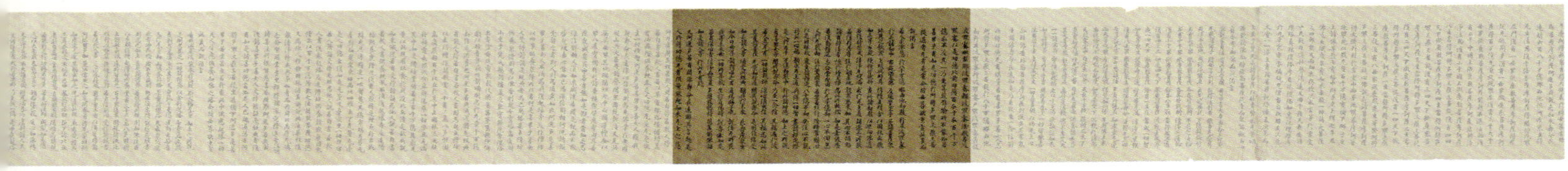

波羅蜜毗梨耶波羅蜜禪波羅蜜除般若波
羅蜜以是功德比前功德百分千分百千万
億分不及其一乃至筭數譬喻所不能知若
善男子有如是功德於阿耨多羅三藐三菩
提退者无有是處尒時世尊欲重宣此義而
說偈言
若人求佛慧 於八十万億 那由他劫數 行五波羅蜜
於是諸劫中 布施供養佛 及緣覺弟子 并諸菩薩衆
珍異之飲食 上服與臥具 栴檀立精舍 以園林莊嚴
如是等布施 種種皆微妙 盡此諸劫數 以迴向佛道
若復持禁戒 清淨无缺漏 求於无上道 諸佛之所歎
若復行忍辱 住於調柔地 設衆惡來加 其心不傾動
諸有得法者 懷於增上慢 為此所輕惱 如是亦能忍
若復勤精進 志念常堅固 於无量億劫 一心不懈息

若坐若經行　除睡常攝心
以是因緣故　能生諸禪定　八十億万劫　安住心不亂
持此一心福　願求无上道　我得一切智　盡諸禪定際
是人扵百千　万億劫數中　行此諸功德　如上之所說
有善男女等　聞我說壽命　乃至一念信　其福過扵彼
若人悉无有　一切諸疑悔　深心須臾信　其福為如此
其有諸菩薩　无量劫行道　聞我說壽命　是則能信受
如是諸人等　頂受此經典　願我扵未來　長壽度衆生
如今日世尊　諸釋中之王　道場師子吼　說法无所畏
我等未來世　一切所尊敬　坐扵道場時　說壽亦如是
若有深心者　清淨而質直　多聞能揔持　隨義解佛語
如是諸人等　扵此无有疑
又阿逸多若有聞佛壽命長遠解其言趣是
人所得功德无有限量能起如來无上之慧

人所得功德无有限量能起如來无上之慧
何況廣聞是經若教人聞若自持若教人持
若自書若教人書若以華香瓔珞幢幡繒蓋
香油蘇燈供養經卷是人功德无量无邊能
生一切種智阿逸多若善男子善女人聞我
說壽命長遠深心信解則為見佛常在耆闍
崛山共大菩薩諸聲聞衆圍繞說法又見此
娑婆世界其地瑠璃坦然平正閻浮檀金以
界八道寶樹行列諸臺樓觀皆悉寶成其菩
薩衆咸處其中若有能如是觀者當知是為
深信解相又復如來滅後若聞是經而不毀
呰起隨喜心當知已為深信解相何況讀誦
受持之者斯人則為頂戴如來阿逸多是善
男子善女人不須為我復起塔寺及作僧坊

以四事供養衆僧所以者何是善男子善女
人受持讀誦是經典者為已起塔造立僧坊
供養衆僧則為以佛舍利起七寶塔高廣漸
小至于梵天懸諸幡蓋及衆寶鈴花香瓔珞
末香塗香燒香衆鼓伎樂簫笛箜篌種種儛
戲以妙音聲歌唄讚頌則為於无量千万億
劫作是供養已阿逸多若我滅後聞是經典
有能受持若自書若教人書則為起立僧坊
以赤栴檀作諸殿堂三十有二高八多羅樹
高廣嚴好百千比丘於其中止園林流池經
行禪窟衣服飲食床褥湯藥一切樂具充滿
其中如是僧坊堂閣若干百千万億其數无
量以此現前供養於我及比丘僧是故我說
如來滅後若有受持讀誦為他人說若自書

如来滅後若有受持讀誦為他人說若自書
若教人書供養經卷不須復起塔寺及造僧
坊供養衆僧况復有人能持是經兼行布施
持戒忍辱精進一心智慧其德㝡勝无量无
邊譬如虛空東西南北四維上下无量无邊
是人功德亦復如是无量无邊疾至一切種智
若人讀誦受持是經為他人說若自書若教
人書復能起塔及造僧坊供養讚歎聲聞衆
僧亦以百千万億讚歎之法讚歎菩薩功德
又為他人種種因緣隨義解說此法華經復
能清淨持戒與柔和者而共同止忍辱无瞋
志念堅固常貴坐禪得諸深定精進勇猛攝
諸善法利根智慧善荅問難阿逸多若我滅
後諸善男子善女人受持讀誦是經典者復

[illegible]已趣道場近阿

耨多羅三藐三菩提坐道樹下阿逸多是善

男子若坐若立若行處此中便應起塔一切

天人皆應供養如佛之塔尒時世尊欲重宣

此義而說偈言

若我滅度後　能奉持此經　斯人福無量　如上之所說

是則為具足　一切諸供養　以舍利起塔　七寶而莊嚴

表剎甚高廣　漸小至梵天　寶鈴千萬億　風動出妙音

又於無量劫　而供養此塔　華香諸瓔珞　天衣衆伎樂

然香油蘇燈　周帀常照明　惡世法末時　能持是經者

則為已如上　具足諸供養　若能持此經　則如佛現在

以牛頭栴檀　起僧坊供養　堂有三十二　高八多羅樹

上饌妙衣服　床臥皆具足　百千衆住處　園林諸流池

經行及禪窟　種種皆嚴好　若有信解心　受持讀誦書

經行及禪窟　種種皆嚴好　若有信解心　受持讀誦書
若復教人書　及供養經卷　散華香末香　以須曼瞻蔔
阿提目多伽　薰油常然之　如是供養者　得无量功德
如虛空无邊　其福亦如是　況復持此經　兼布施持戒
忍辱樂禪定　不瞋不惡口　恭敬於塔廟　謙下諸比丘
遠離自高心　常思惟智慧　有問難不瞋　隨順為解說
若能行是行　功德不可量　若見此法師　成就如是德
應以天華散　天衣覆其身　頭面接足禮　生心如佛想
又應作是念　不久詣道樹　得无漏无為　廣利諸人天
其所住止處　經行若坐臥　乃至說一偈　是中應起塔
莊嚴令妙好　種種以供養　佛子住此地　則是佛受用
常在於其中　經行及坐臥

妙法蓮華經卷第五

BD01110-1 妙法蓮華經（十卷本）卷八

（後秦）鳩摩羅什 譯

BD01110-2 妙法蓮華經（十卷本）卷七

（後秦）鳩摩羅什 譯

893.6cm × 28cm

……安樂產福子
以聞香力故　知男女所念　染欲癡恚心　亦知修善者
地中衆伏藏　金銀諸珍寶　銅器之所盛　聞香悉能知
種種諸瓔珞　无能識其賈　聞香知貴賤　出處及所在
天上諸香等　曼陀曼殊沙　波利質多樹　聞香悉能知
天上諸宮殿　上中下差別　衆寶華莊嚴　聞香知悉能
天薗林勝殿　諸觀妙法堂　在中而娛樂　聞香悉能知
諸天若聽法　或受娛欲時　來往行坐卧　聞香悉能知
天女所著衣　好香華莊嚴　周旋遊戲時　聞香悉能知
如是展轉上　乃至於梵世　入禪出禪者　聞香悉能知
光音遍淨天　乃至于有頂　初生及退沒　聞香悉能知
諸比丘衆等　於法常精進　若坐若經行　及讀誦經法
或在林樹下　專精而坐禪　持經者聞香　悉知其所在
菩薩志堅固　坐禪若讀經　或為人說法　聞香悉能知
在在方世尊　一切所恭敬　愍衆而說法　聞香悉能知
衆生在佛前　聞經皆歡喜　如法而脩行　聞香悉能知
[illegible]

讀若誦若解說若書寫得千二百舌功德若
好若醜若美若不美及諸苦澁物在其舌根
於大衆中有所演說出深妙聲能入其心皆
令歡喜快樂又諸天子天女釋梵諸天聞是
深妙音聲有所演說言論次第皆悉來聽及
諸龍々女夜叉夜叉女乾闥婆乾闥婆女阿
脩羅阿脩羅女迦樓羅迦樓羅女緊那羅緊
那羅女摩睺羅伽摩睺羅伽女為聽法故皆
來親近恭敬供養及比丘比丘尼優婆塞優
婆夷國王王子群臣眷屬小轉輪王大轉輪
王七寶千子內外眷屬乘其宮殿俱來聽法
以是菩薩善說法故婆羅門居士國內人民
盡其形壽隨時供養又諸聲聞辟支佛菩薩
諸佛常樂見之是人所在方面諸佛皆向其
處說法悉能受持一切佛法又能出於深妙
法音尒時世尊欲重宣此義而說偈言
是人舌根淨　終不受惡味　其有所食噉

法音。尒時世尊欲重宣此義而說偈言

是人舌根淨　終不受惡味　其有所食噉　悉皆成甘露
以深淨妙聲　於大衆說法　以諸因緣喻　引導衆生心
聞者皆歡喜　設諸上供養　諸天龍夜叉　及阿脩羅等
皆以恭敬心　而共來聽法　是說法之人　若欲以妙音
遍滿三千界　隨意即能至　大小轉輪王　及千子眷屬
合掌恭敬心　常來聽受法　諸天龍夜叉　羅刹毗舍遮
亦以歡喜心　常樂來供養　梵天王魔王　自在大自在
如是諸天衆　常來至其所　諸佛及弟子　聞其說法音
常念而守護　或時為現身

復次常精進若善男子善女人受持是經若讀若誦若解說若書寫得八百身功德得清淨身如淨流離衆生憙見其身淨故三千大千世界衆生生時死時上下好醜生善處惡處悉於中現及鐵圍大鐵圍彌樓山摩訶彌樓山等諸山及其中衆生悉於中現下至阿

色像尒時世尊欲重宣此義而說偈言
若持法華者　其身甚清淨　如彼淨流離　衆生皆喜見
又如淨明鏡　悉見諸色像　菩薩於淨身　皆見世所有
唯獨自明了　餘人所不見　三千世界中　一切諸群萌
天人阿脩羅　地獄鬼畜生　如是諸色像　皆於身中現
諸天等宮殿　乃至於有頂　鐵圍及弥樓　摩訶弥樓山
諸大海水等　皆於身中現　諸佛及聲聞　佛子菩薩等
若獨若在衆　說法悉皆現　雖未得无漏　法性之妙身
以清淨常體　一切於中現
復次常精進若善男子善女人如來滅後受
持是經若讀若誦若解說若書寫得千二百
意功德以是清淨意根乃至聞一偈一句通
達无量无邊之義解是義已能演說一句
一偈至於一月四月乃至一歲諸所說法隨
其義趣皆与實相不相違背若說俗間經書
治世語言資生業等皆順正法三千大千世

BD01110-1　妙法蓮華經（十卷本）卷八

治世語言資生業等皆順正法三千大千世
界六趣衆生心之所念心行所動作心所戲
論皆悉知之雖未得无漏智慧而其意根清
淨如此是人有所思惟籌量言說皆是佛法无
不真實亦是先佛經中所說爾時世尊欲重
宣此義而說偈言

是人意清淨　明利无穢濁　以此妙意根　知上中下法
乃至聞一偈　通達无量義　次第如法說　月四月至歲
是世界內外　一切諸衆生　若天龍及人　夜叉鬼神等
其在六趣中　所念若干種　持法華之報　一時皆悉知
十方无數佛　百福莊嚴相　為衆生說法　悉聞能受持
思惟无量義　說法亦无量　終始不忘錯　以持法華故
悉知諸法相　隨義識次第　達名字語言　如所知演說
此人有所說　皆是先佛法　以演此法故　於衆无所畏
持法華經者　意根淨若斯　雖未得无漏　先有如是相
是人持此經　安住希有地　為一切衆生　歡喜而愛敬

尒時佛告得大勢菩薩摩訶薩汝今當知若
比丘比丘尼優婆塞優婆夷持法華經者
若有惡口罵詈誹謗獲大罪報如前所說其
所得功德如向所說眼耳鼻舌身意清淨得
大勢乃往古昔過无量无邊不可思議阿僧
祇劫有佛名威音王如来應供正遍知明行
足善逝世間解无上士調御丈夫天人師佛
世尊劫名離相國名大成其威音王佛於彼
世中為天人阿脩羅說法為求聲聞者說應
四諦法度生老病死究竟涅槃為求辟支佛
者說應十二因緣法為諸菩薩說應六波羅蜜
令得阿耨多羅三藐三菩提成一切種智得
大勢是威音王佛壽卌万億那由他恒河沙
劫正法住世劫數如一閻浮提微塵像法住
世劫數如四天下微塵其佛饒益衆生已然

BD01110-1　妙法蓮華經（十卷本）卷八

世劫數如四天下微塵其佛饒益衆生已然
後滅度正法像法滅盡之後於此國土復有
佛出亦号威音王如來應供正遍知明行足
善逝世間解无上士調御丈夫天人師佛世
尊如是次第有二万億佛皆同一号最初威
音王如來既滅度正法滅後於像法中增
上慢比丘有大勢力尒時有一菩薩比丘名
常不輕得大勢以何因緣名常不輕是比丘
凡有所見若比丘比丘尼優婆塞優婆夷皆
悉礼拜讚嘆而作是言我深敬汝等不敢輕
慢所以者何汝等皆行菩薩道當得作佛而
是比丘不專讀誦經典但行礼拜乃至遠見
四衆亦復故往礼拜讚嘆而作是言我不敢
輕於汝等汝等皆當作佛四衆之中有生瞋
恚心不淨者惡口罵詈言是无智比丘從何
所來自言我不輕汝而与我等受記當得作

是語時衆人或以杖木瓦石而打擲之避走
遠住猶高聲唱言我不敢輕汝汝等皆當作
佛以其常作是語故增上慢比丘比丘尼優
婆塞優婆夷号之為常不輕是比丘臨欲終
時於虛空中具聞威音王佛先所說法華經
二十千万億偈悉能受持即得如上眼根清
淨耳鼻舌身意根清淨得是六根清淨已更
增壽命二百万億那由他歲廣為人說是法
華經於時增上慢四衆比丘比丘尼優婆塞
優婆夷輕賤是人為作不輕名者見其得大
神通力樂說辯力大善寂力聞其所說皆信
伏隨從是菩薩復化千万億衆住阿耨多羅
三藐三菩提命終之後得值二千億佛皆号
日月燈明於其法中說是法華經以是因緣
復值二千億佛同号雲自在燈王於此諸佛
法中受持讀誦為諸四衆說此經典故得常

法中受持讀誦爲諸四衆說此經典故得常
眼清淨耳鼻舌身意諸根清淨於四衆中說
法心无所畏得大勢是常不輕菩薩摩訶薩
供養若如是千諸佛恭敬尊重讚嘆種諸善根
於後復値千万億佛亦於諸佛法中說是經典
功德成就當得作佛得大勢於汝意云何尒時
常不輕菩薩豈異人乎則我身是若我於宿
世不受持讀誦此經爲他說者不能疾得阿
耨多羅三藐三菩提我於先佛所受持讀誦
此經爲人說故疾得阿耨多羅三藐三菩提
得大勢彼時四衆比丘比丘尼優婆塞優婆
夷以瞋恚意輕賤我故二百億劫常不値佛
不聞法不見僧千劫於阿鼻地獄受大苦惱
畢是罪已復遇常不輕菩薩教化阿耨多羅
三藐三菩提得大勢於汝意云何尒時四衆
常輕是菩薩者豈異人乎今此會中䟦陀婆

不退轉者是得大勢當知是法華經大饒益
諸菩薩摩訶薩能令至於阿耨多羅三藐三
菩提是故諸菩薩摩訶薩於如來滅後常應
受持讀誦解說書寫是經尒時世尊欲重宣
此義而說偈言
過去有佛　号威音王　神智无量　將導一切
天人龍神　所共供養　是佛滅後　法欲盡時
有一菩薩　名常不輕　時諸四衆　計著於法
不輕菩薩　往到其所　而語之言　我不輕汝
汝等行道　皆當作佛　諸人聞已　輕毀罵詈
不輕菩薩　能忍受之　其罪畢已　臨命終時
得聞此經　六根清淨　神通力故　增益壽命
復為諸人　廣說是經　諸著法衆　皆蒙菩薩
教化成就　令住佛道　不輕命終　值无數佛
說是經故　得福无量　漸具功德　疾成佛道
彼時不輕　則我身是　時四部衆　著法之者

彼時不輕　則我身是　時四部衆　著法之者
聞不輕言　汝當作佛　以是因緣　值无數佛
此會菩薩　五百之衆　并及四部　清信士女
今於我前　聽法者是　我於前世　勸是諸人
聽受斯經　第一之法　開示教化　令住涅槃
世世受持　如是經典　億億万劫　至不可議
時乃得聞　是法華經　億億万數　至不可議
諸佛世尊　時說是經　是故行者　於佛滅後
聞如是經　勿生疑惑　應當一心　廣說此經
世世值佛　疾成佛道

妙法蓮華經卷第八

妙法蓮華經地踊出品第十四

尒時他方國土諸來菩薩摩訶薩過八恒河
沙數於大衆中起立合掌作礼而白佛言世
尊若聽我等於佛滅後在此娑婆世界懃加
精進護持讀誦書寫供養是經典者當於此
土而廣說之尒時佛告諸來菩薩摩訶薩衆
止善男子不須汝等護持此經所以者何我
娑婆世界自有六万恒河沙等菩薩摩訶薩
一一菩薩各有六万恒河沙眷屬是諸人等
能於我後護持讀誦廣說此經佛說是時娑
婆世界三千大千國土地皆震裂而於其中
有无量千万億菩薩摩訶薩同時踊出是諸
菩薩身皆金色三十二相无量光明先盡在
此娑婆世界之下此土虛空中住是諸菩薩
聞釋迦牟尼佛所說音聲從下發來一一菩

聞釋迦牟尼佛所説音聲從下發來一一菩
薩皆是大衆唱導之首各將六万恒河沙眷
屬況將五万四万三万二万一万恒河沙等
眷屬者況復乃至一恒河沙半恒河沙四分
之一乃至千万億那由他分之一況復千万
億那由他眷屬況復万億眷屬況復千万百
万乃至一万況復一千一百乃至一十況復
將五四三二一弟子者況復單己樂遠離行
者如是等比无量无邊筭數譬喻所不能知
是諸菩薩從地踊出已各詣虚空七寶妙塔
多寶如來釋迦牟尼佛所到已向二世尊頭
面禮足及至諸寶樹下師子坐上佛所亦皆
作禮右繞三匝合掌恭敬以諸菩薩種種讚
法而以讚歎住在一面欣樂瞻仰於二世尊
是諸菩薩摩訶薩從初踊出以諸菩薩種種

五十小劫佛神力故令諸大衆謂如半日尒
時四衆亦以佛神力故見諸菩薩遍滿无量
百千万億國土虛空是諸菩薩衆中有四導
師一名上行二名无邊行三名淨行四名安
立行是四菩薩於其衆中最為上首唱導之
師在大衆前各共合掌觀釋迦牟尼佛而問
訊言世尊少病少惱安樂行不所應度者受
教易不不令世尊生疲勞耶尒時四大菩薩
而說偈言
世尊安樂　少病少惱　教化衆生　得无疲惓
又諸衆生　受化易不　不令世尊　生勞苦耶
尒時世尊於菩薩大衆中而作是言如是如
是諸善男子如来安樂少病少惱諸衆生等
易可化度无有勞疲所以者何是諸衆生世
世以来常受我化亦於過去諸佛供養尊重
種諸善根此諸衆生始見我身聞我所說即
皆信受入如来慧除先修習學小乘者如是之

種諸善根此諸衆見生始我身聞我所説即
皆信受入如來慧除先脩習學小乘者如是
之人我今亦令得聞是經入於佛慧尒時諸
大菩薩而説偈言
善哉善哉大雄世尊 諸衆生等易可化度
能問諸佛甚深智慧 聞已信行 我等隨喜
尒時世尊讃上首諸大菩薩善哉善哉善
男子汝等能於如來發隨喜心尒時弥勒菩
薩及八千恒河沙諸菩薩衆皆作是念我等
從昔已來不見不聞如是大菩薩摩訶薩衆
從地踊出住世尊前合掌供養問訊如來時
弥勒菩薩摩訶薩知八千恒河沙諸菩薩等
心之所念并欲自決所疑合掌向佛以偈問言
无量千万億 大衆諸菩薩 昔所未曾見 願兩足尊説
是從何所來 以何因緣集 巨身大神通 智慧叵思議
其志念堅固 有大忍辱力 衆生所樂見 為從何所來
一一諸菩薩

是諸大師等　六万恒河沙　俱來供養佛　及護持是經
將五万恒沙　其數過於是　四万及三万　二万至一万
一千一百等　乃至一恒沙　半及三四分　億万分之一
千万那由他　万億諸弟子　乃至於半億　其數復過上
百万至一万　一千及一百　五十与一十　乃至三二一
單己无眷屬　樂於獨處者　俱來至佛所　其數轉過上
如是諸大衆　若人行籌數　過於恒沙劫　猶不能盡知
是諸大威德　精進菩薩衆　誰為其說法　教化而成就
從誰初發心　稱揚何佛法　受持行誰經　脩習何佛道
如是諸菩薩　神通大智力　四方地震裂　皆從中踊出
世尊我昔來　未曾見是事　願說其所從　國土之名号
我常遊諸國　未曾見是衆　我於是衆中　乃不識一人
忽然從地踊出　願說其因緣　今此之大會　无量百千億
是諸菩薩等　皆欲知此事　是諸菩薩衆　本末之因緣
无量德世尊　唯願決衆疑
尒時釋迦牟尼分身諸佛從无量千万億他

尒時釋迦牟尼分身諸佛從无量千万億他
方國土來者在於八方諸寶樹下師子坐上
結跏趺坐其佛侍者各各見是菩薩大衆
於三千大千世界四方從地踊出住於虛空
各白其佛言世尊此諸无量无邊阿僧祇菩
薩大衆從何所來尒時諸佛各告侍者諸善
男子且待須臾有菩薩摩訶薩名弥勒釋迦
牟尼之所受記次後作佛已問斯事佛今荅
之汝等自當因是得聞尒時釋迦牟尼佛告
弥勒菩薩善哉善哉阿逸多乃能問佛如是
大事汝等當共一心被精進鎧發堅固意如
來今欲顯發宣示諸佛智慧諸佛自在神通
之力諸佛師子奮迅之力諸佛威猛大勢之力
尒時世尊欲重宣此義而說偈言
當精進一心　我欲說此事　勿得有疑悔　佛智叵思議
汝今出信力　住於忍善中　昔所未聞法　今皆當得聞
我今安慰汝　勿得懷疑懼　佛无不實語　智慧不可量

尒時世尊說此偈已告弥勒菩薩我今於此
大衆宣告汝等阿逸多是諸大菩薩摩訶
薩无量无數阿僧祇從地踊出汝等昔所未
見我於是娑婆世界得阿耨多羅三藐三
菩提已教化示導是諸菩薩調伏其心令發
道意此諸菩薩皆於是娑婆世界之下此界
虛空中住於諸經典讀誦通利思惟分別正
憶念阿逸多是諸善男子等不樂在衆多有
所說常樂靜處懃行精進未曾休息亦不依
止人天而住常樂深智无有鄣㝵亦常樂於
諸佛之法一心精進求无上慧尒時世尊欲
重宣此義而說偈言

阿逸汝當知　是諸大菩薩　從无數劫來　脩習佛智慧
悉是我所化　令發大道心　此等是我子　依止此世界
常行頭陁事　志樂於靜處　捨大衆憒閙　不樂多所說
如是諸子等　學習我道法　晝夜常精進　為求佛道故

常行頭陀事　志樂於靜處　捨大衆憒鬧　不樂多所說
如是諸子等　學習我道法　晝夜常精進　為求佛道故
在娑婆界內　下方空中住　志念力堅固　常懃求智慧
說種種妙法　其心无所畏　我於伽耶城　菩提樹下坐
得成最正覺　轉无上法輪　尒乃教化之　令初發道心
今皆住不退　悉當得成佛　我今說實語　汝等一心信
我從久遠來　教化是等衆
尒時彌勒菩薩摩訶薩及无數諸菩薩等心
生疑惑怪未曾有而作是念云何世尊於少
時間教化如是无量无邊阿僧祇諸大菩薩
令住阿耨多羅三藐三菩提即白佛言世尊
如來為太子時出於釋宮去伽耶城不遠坐
於道場得成阿耨多羅三藐三菩提從是以
來始過卌餘年世尊云何於此少時大作佛
事以佛勢力以佛功德教化如是无量大菩
薩衆當成阿耨多羅三藐三菩提世尊此大
菩薩衆假使有人於千万億劫數不能盡不

之事世所難信譬如有人色美髮黑年廿五
指百歲人言是我子其百歲人亦指年少言
是我父生育我等是事難信佛亦如是得道
以來其實未久而此大衆諸菩薩等已於无
量千万億劫爲佛道故懃行精進善入出住
无量百千万億三昧得大神通久脩梵行善
能次第集諸善法巧於問答人中之寶一切
世間甚爲希有今日世尊方云得佛道時初
令發心教化示導令向阿耨多羅三藐三菩
提世尊得佛未久乃能作此大功德事我等
雖復信佛隨宜所說佛所出言未曾虛妄佛
所知者皆悉通達然諸新發意菩薩於佛滅
後若聞是語或不信受而起破法罪業因緣
唯然世尊願爲解說除我等疑及未來世諸
善男子聞此事已亦不生疑尒時弥勒菩薩
欲重宣此義而說偈言

欲重宣此義而說偈言
佛昔從釋種　出家近伽耶　坐於菩提樹　尒來尚未久
此諸佛子等　其數不可量　久已行佛道　住神通智力
善學菩薩道　不染世間法　如蓮華在水　從地而踊出
皆起恭敬心　住於世尊前　是事難思議　云何而可信
佛得道甚近　所成就甚多　願為除衆疑　如實分別說
譬如少壯人　年始二十五　示人百歲子　髮白而面皺
是等我所生　子亦說是父　父少而子老　舉世所不信
世尊亦如是　得道來甚近　是諸菩薩等　志固无怯弱
從无數劫來　而行菩薩道　巧於難問答　其心无所畏
忍辱心決定　端正有威德　十方佛所讚　善能分別說
不樂在人衆　常好在禪定　為求佛道故　於下空中住
我等從佛聞　於此事无疑　願佛為未來　演說令開解
若有於此經　生疑不信者　即當墮惡道　願今為解說
是无量菩薩　云何於少時　教化令發心　而住不退地
妙法蓮華經如來壽量品第十五

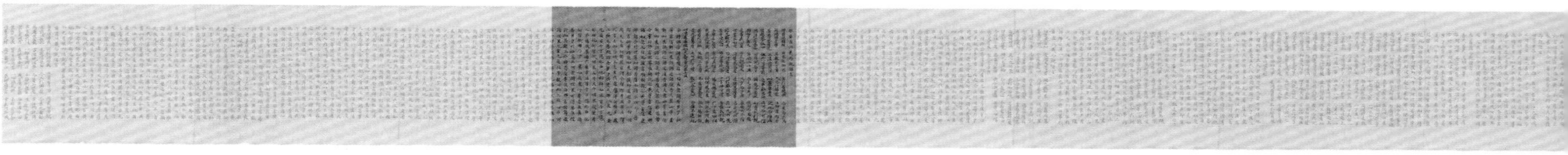

解如來誠諦之語又復告諸大衆汝等當信
解如來誠諦之語是時菩薩大衆彌勒為首
合掌白佛言世尊唯願說之我等當信受佛
語如是三白已復言唯願說之我等當信受
佛語尒時世尊知諸菩薩三請不止而告
之言汝等諦聽如來祕藏神通之力一切世
間天人及阿脩羅皆謂今釋迦牟尼佛出釋
氏宮去伽耶城不遠坐於道場得阿耨多羅
三藐三菩提然善男子我實成佛以來无量
无邊百千万億那由他劫譬如五百千万億
那由他阿僧祇世界三千大千世界假使有
人抹為微塵過於東方五百千万億那由他
阿僧祇國乃下一塵如是東行盡是微塵諸
善男子於汝意云何是諸世界可得思惟校
計知其數不彌勒菩薩等俱白佛言世尊是
諸世界无量无邊非筭數所知亦非心力所

諸世界无量无邊非筭數所知亦非心力所
及一切聲聞辟支佛以无漏智不能思惟知
其限數我等住阿惟越致地於是事中亦所
不達世尊如是諸世界无量无邊尒時佛告
大菩薩衆諸善男子今當分明宣告汝等是
諸世界若著微塵及不著者盡以為塵我成
佛已來復過於此百千万億那由他阿僧祇劫
自從是來我常在此娑婆世界說法教化亦
於餘處百千万億那由他阿僧祇國導利衆
生諸善男子於是中間我說燃燈佛等又復
言其入於涅槃如是皆以方便分別諸善男
子若有衆生來至我所我以佛眼觀其信等
諸根利鈍隨所應度處處自說名字不同年
紀大小亦復現言當入涅槃又以種種方便
說微妙法能令衆生發歡喜心諸善男子如
來見諸衆生樂於小法德薄垢重者為是人

入佛道作如是說諸善男子如來所演經典
皆爲度脫衆生或說己身或說他身或示己
身或示他身或示己事或示他事諸所言說
皆實不虛所以者何如來如實知見三界之
相无有生死若退若出亦无在世及滅度者
非實非虛非如非異不如三界見於三界如
斯之事如來明見无有錯謬以諸衆生有種
種性種種欲種種行種種憶想分別故欲令
生諸善根以若干因緣譬喻言辭種種說法
所作佛事未曾暫廢如是我成佛以來甚大
久遠壽命无量阿僧祇劫常住不滅諸善男
子我本行菩薩道時所成壽命今猶未盡復
倍上數然今非實滅度而便唱言當取滅度
如來以是方便教化衆生所以者何若佛久
住於世薄德之人不種善根貧窮下賤貪著
五欲入於憶想妄見網中見如來常在不滅

五欲入於憶想妄見綱中見如來常在不滅
便起憍恣而懷厭怠不能生難遭之想恭敬
之心是故如來以方便說比丘當知諸佛出
世難可值遇所以者何諸薄德人過无量百
千万億劫或有見佛或不見者以此事故我
作是言諸比丘如來難可得見斯衆生等聞
如是語必當生於難遭之想心懷戀慕渴仰
於佛便種善根是故如來雖不實滅而言滅
度又善男子諸佛如來法皆如是為度衆生
皆實不虛譬如良醫智慧聰達明練方藥善
治衆病其人多諸子息若十二十乃至百數
以有事緣遠至餘國諸子於後飲他毒藥藥發
心乱婉轉子地是時其父還來歸家諸子飲
毒或失本心或不失者遥見其父皆大歡喜
拜跪問訊善安隱歸我等愚癡誤服毒藥願
見救療更賜壽命父見子等苦惱如是依諸

皆悉具足汝等可服速除苦惱无復衆患其
諸子中不失心者見此良藥色香俱好即便
服之病盡除愈餘失心者見其父來雖亦歡
喜問信求索治病然与其藥而不肯服所以
者何毒氣深入失本心故於此好色香藥而
謂不美父作是念此子可愍為毒所中心皆顛
倒雖見我喜求索救療如是好藥而不肯
服我今當設方便令服此藥即作是言汝等
當知我今衰老死時已至是好良藥今留在
此汝可取服勿憂不差作是教已復至他國
遣使還告汝父已死是時諸子聞父背喪心
大憂惱而作是念若父在者慈愍我等能見
救護今者捨我遠喪他國自惟孤露无復恃
怙常懷悲感心遂醒悟乃知此藥色味香美
即取服之毒病皆愈其父聞子悉已得差尋
便來歸咸皆見之諸善男子於意云何頗有

便來歸咸皆見之諸善男子於意云何頗有
人能說此良醫虛妄罪不不也世尊佛言我
亦如是成佛已來无量无邊百千万億那由
他阿僧祇劫為衆生故以方便力言當滅度
亦无有能如法說我虛妄過者尒時世尊欲
重宣此義而說偈言
自我得佛來　所經諸劫數　无量百千万　億載阿僧祇
常說法教化　无數億衆生　令入於佛道　尒來无量劫
為度衆生故　方便現涅槃　而實不滅度　常住此說法
我常住於此　以神通諸力　令顛倒衆生　雖近而不見
衆見我滅度　廣供養舍利　咸皆懷戀慕　而生渴仰心
衆生既信伏　質直柔濡意　一心欲見佛　不自惜身命
時我及衆僧　俱出靈鷲山　我時語衆生　常在此不滅
以方便力故　現有滅不滅　餘國有衆生　恭敬信樂者
我復於彼中　為說无上法　汝等不聞此　但謂我滅度
我見諸衆生　沒在於苦惱　故不為現身　令其生渴仰

我此土安隱　天人常充滿　薗林諸堂閣　種種寶莊嚴
寶樹多花菓　衆生所遊樂　諸天擊天鼓　常作衆伎樂
雨曼陀羅華　散佛及大衆　我淨土不毀　而衆見燒盡
憂怖諸苦惱　如是悉充滿　是諸罪衆生　以惡業因緣
過阿僧祇劫　不聞三寶名　諸有脩功德　柔和質直者
則皆見我身　在此而說法　或時為此衆　說佛壽无量
久乃見佛者　為說佛難值　我智力如是　慧光照无量
壽命无數劫　久脩業所得　汝等有智者　勿於此生疑
當斷令永盡　佛語實不虛　如醫善方便　為治狂子故
實在而言死　无能說虛妄　我亦為世父　救諸苦患者
為凡夫顛倒　實在而言滅　以常見我故　而生憍恣心
放逸著五欲　墮於惡道中　我常知衆生　行道不行道
隨應所可度　為說種種法　每自作是念　以何令衆生
得入无上道　速成就佛身

妙法蓮華經分別功德品第十六

尒時大會聞佛說壽命劫數長遠如是无量

尒時大會聞佛說壽命劫數長遠如是无量
无邊阿僧祇衆生得大饒益於時世尊告弥
勒菩薩摩訶薩阿逸多我說如是如來壽長命
遠時六百八十万億那由他恒河沙衆生得
无生法忍復有千倍菩薩摩訶薩得聞持陁
羅門尼復有一世界微塵數菩薩摩訶薩得
樂說无导辯才復有一世界微塵數菩薩摩
訶薩得百万億无量旋陁羅尼復有三千大
千世界微塵數菩薩摩訶薩能轉不退法輪
復有中二千國土微塵數菩薩摩訶薩能轉清
淨法輪復有小千國土微塵數菩薩摩訶薩
八生當得阿耨多羅三藐三菩提復有四四
天下微塵數菩薩摩訶薩四生當得阿耨多
羅三藐三菩提復有三四天下微塵數菩薩
摩訶薩三生當得阿耨多羅三藐三菩提復
有二四天下微塵數菩薩摩訶薩二生當得

菩提復有八世界微塵數衆生皆發阿耨多
羅三藐三菩提心佛說是諸菩薩摩訶薩得
大法利時於虛空中雨曼陁羅華摩訶曼陁
羅華以散无量百千万億寶樹下師子坐上
諸佛并散七寶塔中師子坐上釋迦牟尼佛
及久滅度多寶如來亦散一切諸大菩薩及
四部衆又雨細末栴檀沈水香等於虛空中
天鼓自鳴妙聲深遠又雨千種天衣垂諸瓔
珞真珠瓔珞摩尼珠瓔珞如意珠瓔珞遍於九
方衆寶香爐燒无價香自然周至供養大會
一一佛上有諸菩薩執持幡蓋次第而上至
于梵天是諸菩薩以妙音聲歌无量頌讚嘆
諸佛尒時弥勒菩薩從坐而起偏袒右肩合
掌向佛而說偈言

佛說希有法　昔所未曾有　世尊有大力　壽命不可量
无數諸佛子　聞世尊分別　說得法利者　歡喜充遍身

无數諸佛子 聞世尊分別 說得法利者 歡喜充遍身
或住不退地 或得陀羅尼 或无导樂說 万億旋總持
或有大千世 微塵數菩薩 各各皆能轉 不退之法輪
復有中千界 微塵數菩薩 各各皆能轉 清淨之法輪
復有小千界 微塵數菩薩 餘各八生在 當得成佛道
復有三四二 如此四天下 微塵諸菩薩 隨數生成佛
或一四天下 微塵數菩薩 餘有一生在 當成一切智
如是等衆生 聞佛壽長遠 得无漏无為 清淨之果報
復有八世界 微塵數菩薩 聞佛說壽命 皆發无上心
世尊說无量 不可思議法 多有所饒益 如虛空无邊
天雨曼陁華 摩訶曼陁羅 釋梵如恒沙 无數佛土來
雨栴檀沉水 繽紛而亂墜 如鳥飛空下 供散於諸佛
天鼓虛空中 自然出妙音 天衣千万種 旋轉而來下
衆寶妙香爐 燒无價之香 自然悉周遍 供養諸世尊
其大菩薩衆 執七寶幡蓋 高妙万億種 次第至梵天
一一諸佛前 寶幢懸勝幡 亦以千万偈 歌詠諸如來

尒時佛告弥勒菩薩摩訶薩阿逸多其有衆
生聞佛壽命長遠如是乃至能生一念信解
所得功德无有限量若有善男子善女人為
阿耨多羅三藐三菩提於八十億那由他劫
行五波羅蜜檀波羅蜜尸波羅蜜羼提波羅
蜜毗梨耶波羅蜜禪波羅蜜除般若波羅蜜
以是功德比前功德百分千分百千万億分
不及其一乃至筭數譬喻所不能知若善男
子善女人有如是功德於阿耨多羅三藐三
菩提退者无有是處尒時世尊欲重宣此義
而說偈言

若人求佛慧　於八十万億　那由他劫數　行五波羅蜜
於是諸劫中　布施供養佛　及緣覺弟子　并諸菩薩衆
珎異之飲食　上服与臥具　栴檀立精舍　以薗林莊嚴
如是等布施　種種皆微妙　盡此諸劫數　以迴向佛道
若復持禁戒　清淨无缺漏　求於无上道　諸佛之所歎

如是等布施　種種皆微妙　盡此諸劫數　以迴向佛道
若復持禁戒　清淨无缺漏　求於无上道　諸佛之所歎
若復行忍辱　住於調柔地　設衆惡來加　其心不傾動
諸有得法者　懷於增上慢　為此所輕惱　如是亦能忍
若復懃精進　志念常堅固　於无量億劫　一心不懈息
又於无量劫　住於空閑處　若坐若經行　除睡常攝心
以是因緣故　能生諸禪定　八十億万劫　安住心不亂
持此一心福　願求无上道　我得一切智　盡諸禪定際
是人於百千　万億劫數中　行此諸功德　如上之所說
又善男子等　聞我說壽命　乃至一念信　其福過於彼
若人悉无有　一切諸疑悔　深心須臾信　其福為如此
其有諸菩薩　无量劫行道　聞我說壽命　是則能信受
如是諸人等　頂受此經典　願我於未來　長壽度衆生
如今日世尊　諸釋之中王　道場師子吼　說法无所畏
我等未來世　一切所尊敬　坐於道場時　說壽亦如是
若有深心者　清淨而質直　多聞能總持　随義解佛語
如是之人等　於此无有疑

何況廣聞是經若教人聞若自持若教人持
若自書若教人書若以華香瓔珞幢幡繒蓋
香油蘇燈供養經卷是功德无量无邊能生
一切種智阿逸多若善男子善女人聞我說
壽命長遠深心信解則為見佛常在耆闍崛
山共大菩薩諸聲聞衆圍遶說法又見此娑
婆世界其地琉璃坦然平正閻浮檀金以界
八道寶樹行列諸臺樓觀皆悉寶成其菩薩
衆咸處其中若有能如是觀者當知是為深
信解相又復如來滅後若聞是經而不毀呰
起隨喜心當知已為深信解相何況讀誦受
持之者斯人則為頂戴如來阿逸多善男子
善女人不須為我復起塔寺及作僧坊以四
事供養衆僧所以者何是善男子善女人受
持讀誦是經典者為已起塔造立僧坊供養
衆僧則為已佛舍利起七寶塔高廣漸小至

持讀誦是經典者為已起塔造立僧坊供養
衆僧則為已佛舍利起七寶塔高廣漸小至
于梵天縣諸幡蓋及衆寶鈴華香瓔珞末香
塗香燒香鼓衆伎樂簫笛箜篌種種儛戲以
妙音聲歌唄讚頌則為於无量千万億劫作
是供養已阿逸多若我滅後聞是經典有能
受持若自書若教人書則為起立僧坊以赤
栴檀作諸殿堂卅有二高八多羅樹高廣嚴
好百千比丘於其中止薗林池流經行禪窟
衣服飲食床蓐湯藥一切樂具充滿其中如
是僧坊若千百千万億其數无量以此現前
供養於我及比丘僧是故我說如來滅後若
有受持讀誦為他人說若自書若教人書供
養經巻不須復起塔寺及造僧坊供養衆僧
況復有人能持是經兼行布施持戒忍辱精
進一心智慧其德冣勝无量无邊譬如虛空
東西南北四維上下无量无邊是人功德亦

起塔及造僧坊供養讚歎聲聞衆僧亦以百
千万億讚歎之法讚歎菩薩功德又為他人
種〻因緣隨宜解說此法華經復能清淨持
戒与柔和者而共同止忍辱无瞋志念堅固
常貴坐禪得諸深定精進勇猛攝諸善法利
根智慧善荅問難阿逸多若我滅後諸善男
子善女人受持讀誦是經典者復有如是諸
善功德當知是人已趣道場近阿耨多羅
三藐三菩提坐道樹下阿逸多是善男子若
坐若立若行處此中便應起塔一切天人皆
應供養如佛之塔尒時世尊欲重宣此義而
說偈言
若我滅度後　能奉持此經　斯人福无量　如上之所說
是則為具足　一切諸供養　以舍利起塔　七寶而莊嚴
表剎甚高廣　漸小至梵天　寶鈴千万億　風動出妙音
又於无量劫　而供養此塔　華香諸瓔珞　天衣衆伎樂

又於无量劫　而供養此塔　華香諸瓔珞　天衣衆伎樂
燃香蘇油燈　周匝常照明　惡世法末時　能持是經者
則為已如上　具足諸供養　若能持此經　則如佛現在
以牛頭栴檀　起僧坊供養　堂有三十二　高八多羅樹
上饌妙衣服　牀臥皆具足　百千衆住處　薗林諸池流
經行及禪窟　種種皆嚴好　若有信解心　受持讀誦書
若復教人書　及供養經卷　散華香末香　以須曼瞻蔔
阿提目多伽　勳油常燃之　如是供養者　得无量功德
如虛空无邊　其福亦如是　況復持此經　兼布施持戒
忍辱樂禪定　不瞋不惡口　恭敬於塔廟　謙下諸比丘
遠離自高心　常思惟智慧　有問難不瞋　隨順為解說
若能行是行　功德不可量　若見此法師　成就如是德
應以天華散　天衣覆其身　頭面接足禮　生心如佛想
又應作是念　不久詣道樹　得无漏无為　廣利諸天人
其所住止處　經行若坐臥　乃至說一偈　是中應起塔
莊嚴令妙好　種種以供養　佛子住此地　則如佛受用
常在於其中　經行及坐臥

妙法蓮華經卷第七

BD01110-2　妙法蓮華經（十卷本）卷七

BD01111 四分比丘尼戒本

（後秦）佛陀耶舍 譯

（唐）懷素 集

103.5cm × 25.9cm

犯初法應捨僧伽婆沙
若比丘尼詣官言人若居士若居士兒若奴若客作人若晝夜若
一念頃若彈指頃若須臾頃是比丘尼犯初法應捨僧伽婆尸沙
若比丘尼知先是賊罪應死人所知不問王大臣不問種姓
便度出家受戒是比丘尼犯初法應捨僧伽婆尸沙
若比丘尼知比丘尼僧爲所舉如法如律如佛所教不順從
未懺悔僧未與作共住羯磨爲愛故不問僧僧不約勅出
界外作羯磨與解罪是比丘尼犯初法應捨僧伽婆尸沙
若比丘尼獨渡水獨入村獨宿獨在後行犯初法應捨僧伽婆尸沙
若比丘尼染汙心知染汙心男子從彼受可食者及食并
餘物是比丘尼犯初法應捨僧伽婆尸沙
若比丘尼教比丘尼言是善人[illegible]有染汙心無染汙

此比丘尼犯初法應捨僧伽婆尸沙
若比丘尼欲壞和合僧方便受破僧法堅持不捨是比丘尼
應諫彼比丘尼言大姉汝莫壞和合僧莫方便壞和合僧莫
受破僧法堅持不捨大姉應與僧和合歡喜不諍同一師
學如水乳合於佛法中有增益安樂住是比丘尼諫彼比丘
尼堅持不捨是比丘尼應三諫捨此事故乃至三諫者善若不
捨者是比丘尼犯三法應捨僧伽婆尸沙
若比丘尼有餘比丘尼群黨若一若二若三乃至无數彼比
尼語是比丘尼言大姉汝莫諫此比丘尼此比丘尼法語比丘尼
律語比丘尼此比丘尼所說我等心喜樂此比丘尼言所說我等
忍可是比丘尼語彼比丘尼言大姉莫作是說言此比丘尼

得[illegible]
忍可是比丘尼語彼比丘尼言大姊莫作是說言此比丘尼
是法語比丘尼律語比丘尼此比丘尼所說我等心喜樂此
比丘尼所說我等忍可何以故此比丘尼所說非法語非律語
大姊莫欲破壞和合僧當樂欲和合僧大姊與僧和合歡喜
不諍同一師學如水乳合於佛法中有增益安樂住是比丘尼
諫彼比丘尼時堅持不捨是比丘尼應三諫捨此事故乃至
三諫捨者善不捨者是比丘尼犯三法應捨僧伽婆尸沙
若比丘尼依城邑若村落住汙他家行惡行行惡行亦見
亦聞汙他家亦見亦聞是比丘尼諫彼比丘尼言大姊汝
汙他家行惡行行惡行亦見亦聞汙他家亦見亦聞大姊
汝汙他家行惡行今可離此村落去不須住此彼比丘尼
語此比丘尼作是言大姊諸比丘尼有愛有怖有恚有癡

言大姉莫作是語有愛有恚有怖有癡亦莫言有如
是同罪比丘尼有驅者有不驅者何以故而諸比丘尼不愛不
恚不怖不癡有如是同罪比丘尼有驅者有不驅者大姉
汙他家行行惡行亦見亦聞汙他家亦見亦聞是比丘尼
諫彼比丘尼時堅持不捨是比丘尼應諫三捨此事故乃
至三諫捨者善不捨者是比丘尼犯三法應捨僧伽婆尸沙
若比丘尼惡性不受人語於戒法中諸比丘尼如法諫已自身
不受諫語言大姉汝莫向我說若好若惡我亦不向汝說
若好若惡諸大姉止莫諫我是比丘尼當諫彼比丘言
大姉汝莫自身不受諫語大姉自身當受諫語大姉如法
諫諸比丘尼諸比丘尼亦當如法諫大姉如是佛弟子衆得
增益展轉相諫展轉相教展轉懺悔是比丘尼如是諫時

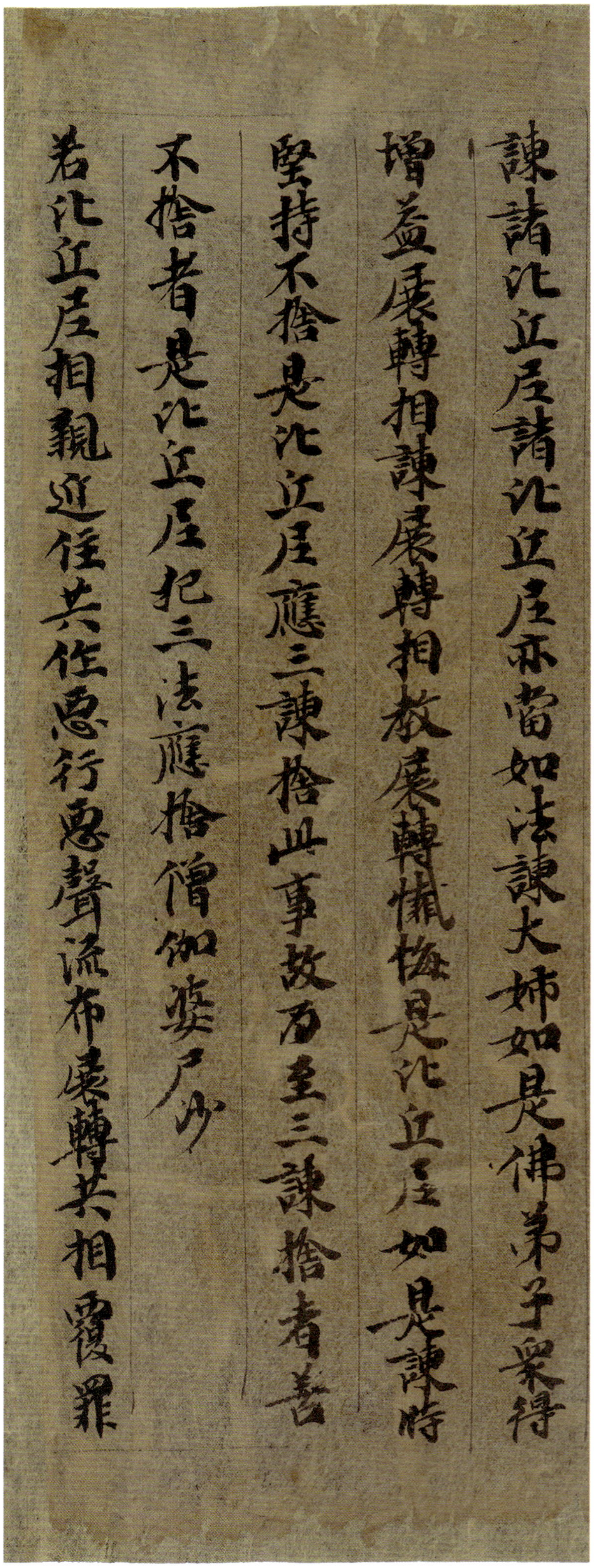

諫諸比丘尼諸比丘尼亦當如法諫大姊如是佛弟子衆得
增益展轉相諫展轉相教展轉懺悔是比丘尼如是諫時
堅持不捨是比丘尼應三諫捨此事故乃至三諫捨者善
不捨者是比丘尼犯三法應捨僧伽婆尸沙
若比丘尼相親近住共作惡行惡聲流布展轉共相覆罪

BD01112　妙法蓮華經卷七

（後秦）鳩摩羅什　譯

442cm × 26.5cm

其短無能得便即於佛前而說呪曰
座(𪘲螺反)隸一 摩訶座隸二 郁枳三 目枳四 阿隸五
阿羅婆第六 涅隸第七 涅隸多婆第八 伊緻
(猪履反)柅九 韋緻柅十 旨緻柅十一 涅隸墀柅十二 涅犁墀
婆底十三
世尊是陁羅尼神呪恒河沙等諸佛所說亦
皆隨喜若有侵毀此法師者則為侵毀是諸
佛已尒時毗沙門天王護世者白佛言世尊
我亦為愍念衆生擁護此法師故說是陁
羅尼即說呪曰
阿梨一 那梨二 㝹那梨三 阿那盧四 那履五 拘那履六
世尊以是神呪擁護法師我亦自當擁護持
是經者令百由旬內無諸衰患尒時持國天
王在此會中與千万億那由他乾闥婆衆恭

[illegible]
阿伽祢一伽祢二瞿利三乾陀利四栴陀利五摩
蹬耆六常求利七浮樓莎柅八頞底九
世尊是陀羅尼神呪四十二億諸佛所說若
有侵毀此法師者則爲侵毀是諸佛已尒時
有羅剎女等一名藍婆二名毗藍婆三名曲
齒四名華齒五名黑齒六名多髮七名无猒
足八名持瓔珞九名睪帝十名奪一切衆生
精氣是十羅剎女與鬼子母并其子及眷屬
俱詣佛所同聲白佛言世尊我等亦欲擁護
讀誦受持法華經者除其衰患若有伺求
法師短者令不得便即於佛前而說呪曰
伊提履一伊提泯二伊提履三阿提履四伊提履
五泥履六泥履七泥履八泥履九泥履十樓醯
十一樓醯十二樓醯十三樓醯十四多醯十五多醯十六多醯

十一摟醞十二摟醞十三摟醞十四多醞十五多醞十六多醞
十七兜醞十八嵬醞十九
寧上我頭上莫惱於法師若夜叉若羅刹若
餓鬼若富單那若吉蔗若毗陁羅若揵馱若
烏摩勒伽若阿跋摩羅若夜叉吉蔗若人吉
蔗若熱病若一日若二日若三日若四日乃至
七日若常熱病若男形若女形若童男形若童
女形乃至夢中亦復莫惱即於佛前而說偈言
若不順我呪　惱亂說法者　頭破作七分　如阿梨樹枝
如殺父母罪　亦如壓油殃　斗秤欺誑人　調達破僧罪
犯此法師者　當獲如是殃
諸羅刹女說此偈已白佛言世尊我等亦當
身自擁護受持讀誦脩行是經者令得安隱
離諸衰患消衆毒藥佛告諸羅刹女善哉善

何況受持具足供養經卷華香瓔珞抹
香塗香燒香幡蓋伎樂然種種燈蘇燈油燈
諸香油燈蘇摩那華油燈瞻蔔華油燈婆師
迦華油燈優鉢羅華油燈如是等百千種供
養者睪帝汝等及眷屬應當擁護如是法
師說是陀羅尼品時方八千人得无生法忍
妙法蓮華經妙莊嚴王本事品第二十七
尒時佛告諸大衆乃往古世過无量无邊不
可思議阿僧祇劫有佛名雲雷音宿王華智
多陀阿伽度阿羅訶三藐三佛陀國名光明
莊嚴劫名憙見彼佛法中有王名妙莊嚴其
王夫人名曰淨德有二子一名淨藏二名淨
眼是二子有大神力福德智慧久脩菩薩所
行之道所謂檀波羅蜜尸波羅蜜羼提波
羅蜜毗梨耶波羅蜜禪波羅蜜般若波羅蜜

BD01112　妙法蓮華經卷七

羅蜜毗梨耶波羅蜜禪波羅蜜般若波羅蜜
方便波羅蜜慈悲喜捨乃至三十七助道法
皆悉明了通達又得菩薩淨藏三昧日星宿三
昧淨光三昧淨色三昧淨照明三昧長莊嚴
三昧大威德藏三昧於此三昧亦悉通達尒
時彼佛欲引導妙莊嚴王及愍念衆生故說
是法華經時淨藏淨眼二子到其母所合十
指抓掌白言願母往詣雲雷音宿王華智佛
所我等亦當侍從親近供養礼拜所以者何
此佛於一切天人衆中說法華經宜應聽受
母告子言汝父信受外道深著婆羅門法汝
等應往白父與共俱去淨藏淨眼合十抓指
掌白母我等是法王子而生此耶見家母告
子言汝等當憂念汝父為現神變若得見者

於虛空中行住坐卧身上出水身下出火身
下出水身上出火或現大身滿虛空中而復
現小小復現大於空中滅忽然在地入地如
水履水如地現如是等種種神變令其父王
心淨信解時父見子神力如是心大歡喜得
未曾有合掌向子言汝等師是誰誰之弟
子二子白言大王彼雲雷音宿王華智佛今
在七寶菩提樹下法座上坐於一切世間天
人衆中廣說法華經是我等師我是弟子父
語子言我今亦欲見汝等師可共俱往於是
二子從空中下到其母所合掌白母父王今已
信解堪任發阿耨多羅三藐三菩提心我等
為父已作佛事願母見聽於彼佛所出家
脩道尒時二子欲重宣其意以偈白母

脩道尒時二子欲重宣其意以偈白母
願母放我等 出家作沙門 諸佛甚難值 我等隨佛學
如優曇鉢羅 值佛復難是 脫諸難亦難 願聽我出家
母即告言聽汝出家所以者何佛難值故於
是二子白父母言善哉父母願時往詣雲雷
音宿王華智佛所親近供養所以者何佛難
得值如優曇鉢羅華又如一眼之龜值浮木
孔而我等宿福深厚生值佛法是故父母當
聽我等令得出家所以者何諸佛難值時亦
難遇彼時妙莊嚴王後宮八万四千人皆悉
堪任受持是法華經淨眼菩薩於法華三昧
久已通達淨藏菩薩已於无量百千万億劫
通達離諸惡趣三昧欲令一切衆生離諸惡
趣故其王夫人得諸佛習三昧能知諸佛秘

[illegible]
俱淨德夫人與後宮采女眷屬俱其王二子
與四万二千人俱一時共詣佛所到已頭面
礼足繞佛三迊却住一面尒時彼佛為王說
法示教利喜王大歡悅尒時妙莊嚴王及其
夫人解頸真珠瓔珞價直百千以散佛上於
虛空中化成四柱寶臺臺中有大寶床敷百
千万天衣其上有佛結跏趺坐放大光明尒
時妙莊嚴王作是念佛身希有端嚴殊特成
就第一微妙之色時雲雷音宿王華智佛告
四衆言汝等見是妙莊嚴王於我前合掌立
不此王於我法中作比丘精勤修習助佛道
法當得作佛号娑羅樹王國名大光劫名大
高王其娑羅樹王佛有无量菩薩衆及无量聲
聞其國平正功德如是其王即時以國付弟

聞其國平正功德如是其王即時以國付弟
與夫人二子并諸眷屬於佛法中出家脩道
王出家已於八万四千歲常勤精進脩行妙
法華經過是已後得一切淨功德莊嚴三昧
即昇虛空高七多羅樹而白佛言世尊此
我二子作佛事以神通變化轉我邪心令得
安住於佛法中得見世尊此二子者是我善
知識為欲發起宿世善根饒益我故來生我
家尒時雲雷音宿王華知佛告妙莊嚴王言
如是如是如汝所言若善男子善女人種善
根故世世得善知識其善知識能作佛事示
教利喜令入阿耨多羅三藐三菩提大王當
知善知識者是大因緣所謂化導令得見
佛發阿耨多羅三藐三菩心大王汝見此

那由他恒河沙諸佛親近恭敬於諸佛所受
持法華經愍念邪見衆生令住正見妙莊嚴
王即從虛空中下而白佛言世尊如來甚希
有以功德智慧故頂上肉髻光明顯照其眼
長廣而紺青色眉間毫相白如珂月齒白齊
密常有光明脣色赤好如頻婆菓尒時妙莊
嚴王讚歎佛如是等无量百千万億功德已
於如來前一心合掌復白佛言世尊未曾有
也如來之法具足成就不可思議微妙功德
教戒所行安隱快善我從今日不復自隨心
行不生邪見憍慢瞋恚諸惡之心說是語已
礼佛而出佛告大衆於意云何妙莊嚴王豈
異人乎今華德菩薩是其淨德夫人今佛前
光照莊嚴相菩薩是哀愍妙莊嚴王及諸眷
屬故於彼中生其二子者今藥王菩薩藥上

BD01112　妙法蓮華經卷七

屬故於彼中生其二子者今藥王菩薩藥上
菩薩是藥王藥上菩薩成就如此諸大功德
已於无量百千万億諸佛所植衆德本成就
不可思議諸善功德若有人識是二菩薩名
字者一切世間諸天人民亦應礼拜佛說是
妙莊嚴王本事品時八万四千人遠塵離垢
於諸法中得法眼淨
妙法蓮華經普賢菩薩勸發第二十八
尒時普賢菩薩以自在神通威德名聞與大
菩薩无量无邊不可稱數從東方來所經諸
國普皆震動雨寶蓮華作无量百千万億種
種伎樂又與无數諸天龍夜叉乾闥婆阿脩
羅迦樓羅緊那羅摩睺羅伽人非人等大衆
圍繞各現威德神通之力到娑婆世界耆闍
崛山中頭面礼釋迦牟尼佛右繞七匝白佛

世界説法華經與无量无邊百千万億諸菩
薩衆共來聽受唯願世尊當為説之若善男
子善女人於如來滅後云何能得是法華經
佛告普賢菩薩若善男子善女人成就四法
於如來滅後當得是法華經一者為諸佛護
念二者植衆德本三者入正定聚四者發救
一切衆生之心善男子善女人如是成就四
法於如來滅後必得是經尒時普賢菩薩白
佛言世尊於後五百歲濁惡世中其有受持
是經典者我當守護除其衰患令得安隱
使无伺求得其便者若魔若魔子若魔女若
魔民若為魔所著者若夜叉若羅刹若鳩槃
荼若毗舍闍若吉蔗若富單那若韋陁羅等
諸惱人者皆不得便是人若行若立讀誦此經

諸惱人者皆不得便是人若行若立讀誦此經
我尒時乘六牙白象王與大菩薩衆俱詣其
所而自現身供養守護安慰其心亦為供養
法華經故是人若坐思惟此經尒時我復乘
白象王現其人前其人若於法華經有所忘
失一句一偈我當教之與共讀誦還令通利
尒時受持讀誦法華經者得見我身甚大
歡喜轉復精進以見我故即得三昧及陁羅
尼名為旋陁羅尼百千万億旋陁羅尼法音方
便陁羅尼得如是等陁羅尼世尊若後世後
五百歲濁惡世中比丘比丘尼優婆塞優婆
夷求索者受持者讀誦者書寫者欲脩習
是法華經於三七日中應一心精進滿三七日
已我當乘六牙白象與无量菩薩而自圍繞

故无有非人能破壞者亦不為女人之所惑
亂我身亦自常護是人唯願世尊聽我說
此陁羅尼即於佛前而說呪曰
阿檀地 途賣反 一 檀陁婆地 二 檀陁婆帝 三 檀陁鳩
舍隸 四 檀陁脩陁隸 五 脩陁隸 六 脩陁羅
婆底 七 佛馱波羶祢 八 薩婆陁羅尼阿婆多
尼 九 薩婆婆沙阿婆多尼 十 脩阿婆多尼 十一
僧伽婆履叉尼 十二 僧伽涅伽陁尼 十三 阿僧祇
十四 僧伽波伽地 十五 帝隸阿惰僧伽兜略 盧遮反
婆羅帝 十六 薩婆僧伽三地伽蘭地 十七 薩婆
達磨脩波利剎帝 十八 薩婆薩埵樓馱憍舍
略阿㝹伽地 十九 辛阿毗吉利地帝 二十
世尊若有菩薩得聞是陁羅尼者當知普賢
神通之力若法華經行閻浮提有受持者應

BD01112　妙法蓮華經卷七

神通之力若法華經行閻浮提有受持者應
作此念皆是普賢威神之力若有受持讀誦
正憶念解其義趣如說脩行當知是人行普
賢行於无量无邊諸佛所深種善根為諸如
来手摩其頭若但書寫是人命終當生忉利
天上是時八万四千天女作衆伎樂而来迎
之其人即著七寶冠於采女中娛樂快樂何
況受持讀誦正憶念解其義趣如說脩行若
有人受持讀誦解其義趣是人命終為千佛
授手令不恐怖不墮惡趣即往兜率天上彌
勒菩薩所彌勒菩薩有三十二相大菩薩衆
所共圍繞有百千万億天女眷屬而於中生
有如是等功德利益是故智者應當一心自
書若使人書受持讀誦正憶念如說脩行世

浮提內廣令流布使不斷絕
尒時釋迦牟尼佛讚言善哉善哉普賢汝能
護助是經令多所衆生安樂利益汝已成就
不可思議功德深大慈悲從久遠來發阿耨
多羅三藐三菩提意而能作是神通之願守
護是經我當以神通力守護能受持普賢菩
薩名者普賢若有受持讀誦正憶念脩習書
寫是法華經者當知是人則見釋迦牟尼佛
如從佛口聞此經典當知是人供養釋迦牟
尼佛當知是人佛讚善哉當知是人為釋迦
牟尼佛手摩其頭當知是人為釋迦牟尼佛
衣之所覆如是之人不復貪著世樂不好外
道經書手筆亦復不喜親近其人及諸惡者
若屠兒若畜猪羊鷄狗若獦師若衒賣女色
是人心意質直有正憶念有福德力是人不

是人心意質直有正憶念有福德力是人不
爲三毒所惱亦不爲嫉妬我慢邪慢增上慢
所惱是人少欲知足能脩普賢之行
普賢若如来滅後後五百歳若有人見受持
讀誦法華經者應作是念此人不久當詣道
塲破諸魔衆得阿耨多羅三藐三菩提轉法
輪擊法鼓吹法蠡雨法雨當坐天人大衆中師
子法座上普賢若於後世受持讀誦是經
典者是人不復貪著衣服卧具飲食資生之
物所願不虚亦於現世得其福報若有人輕
毀之言汝狂人耳空作是行終无所獲如是
罪報當世世无眼若有供養讚歎之者當於
今世得現果報若復見受持是經者出其過
惡若實若不實此人現世得白癩病若有輕

諸惡重病是故普賢若見受持是經典者當
起遠迎當如敬佛說是普賢勸發品時恒河
沙等无量无邊菩薩得百千億旋陁羅尼
三千大千世界微塵等諸菩薩具普賢道
佛說是經時普賢等諸菩薩舍利弗等
諸聲聞及諸天龍人非人等一切大會皆大
歡喜受持佛語作礼而去

妙法蓮華經卷第七

BD01112　妙法蓮華經卷七

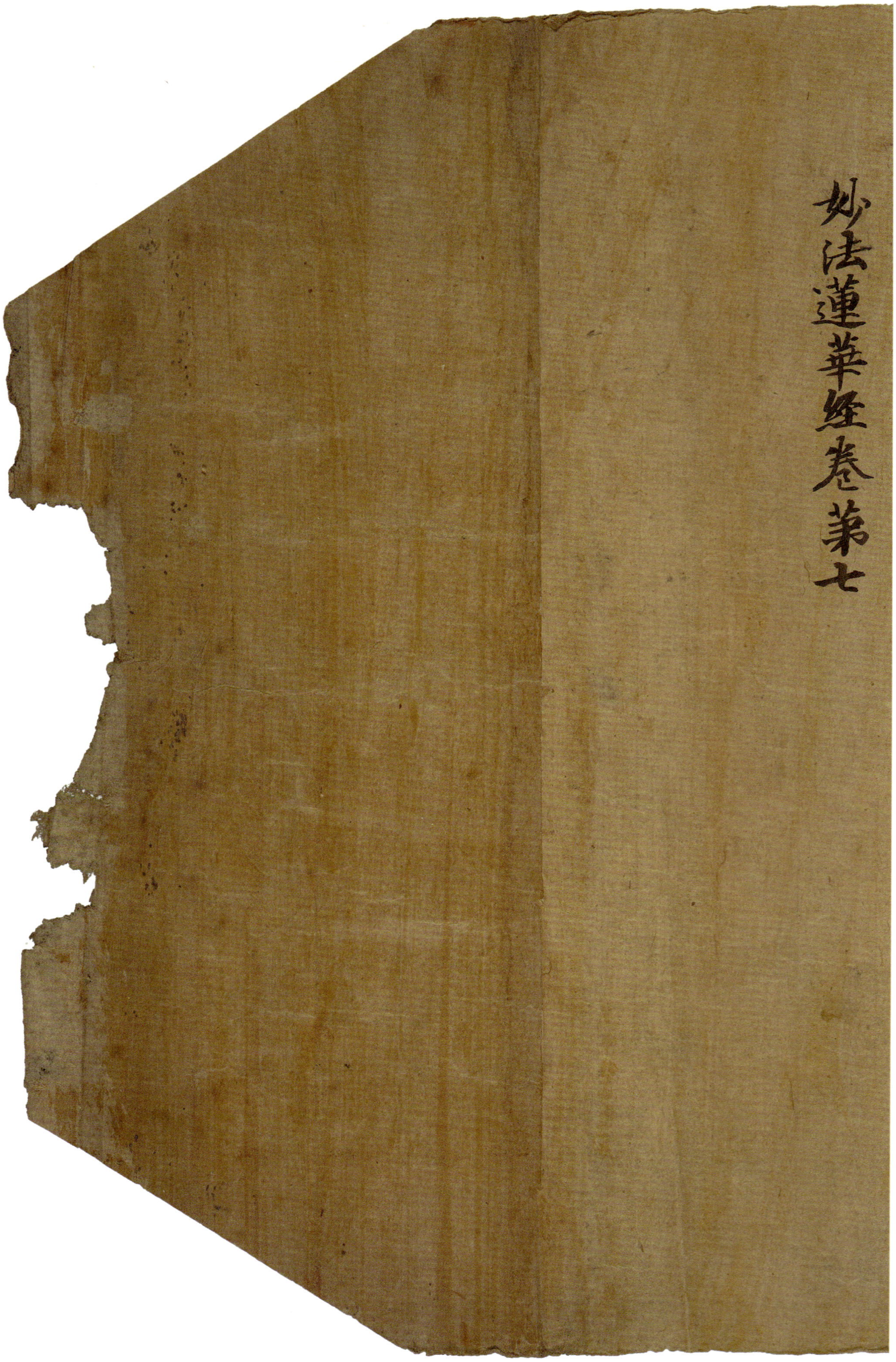

BD01112　妙法蓮華經卷七

BD01113

四分比丘尼戒本

（後秦）佛陀耶舍 譯

（唐）懷素 集

77cm × 27cm

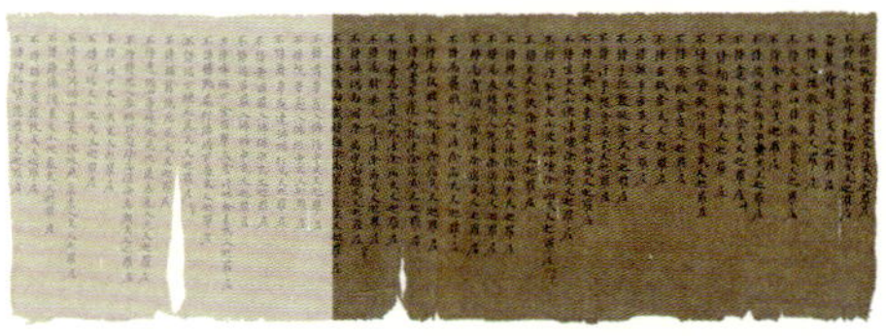

不得以飯覆羹上更望得式叉迦羅尼

不得視比坐鉢中起嫌心式叉迦羅尼

當繫鉢想食式叉迦羅尼

不得大摶飯食式叉迦羅尼

不得大張口待飯食式叉迦羅尼

不得含食語式叉迦羅尼

不得遺落飯食式叉迦羅尼　卅

不得摶飯遙擲口中食式叉迦羅尼

不得頰飯食式叉迦羅尼

不得故嚼飯作聲食式叉迦羅尼

不得噏飯食式叉迦羅尼

不得舌舐食式叉迦羅尼

不得振手食式叉迦羅尼

不得洗鉢水棄白衣舍內式叉迦羅尼

不得生草上大小便涕唾除病式叉迦羅尼

不得淨水中大小便涕唾除病式叉迦羅尼 五十

不得立大小便除病式叉迦羅尼

不得與反抄衣人說法除病式叉迦羅尼

不得為衣纏頸人說法除病式叉迦羅尼

不得為覆頭人說法除病式叉迦羅尼

不得為裹頭人說法除病式叉迦羅尼

不得為扠腰人說法除病式叉迦羅尼

不得為着草屣人說法除病式叉迦羅尼

不得着為木屐人說法除病式叉迦羅尼

不得為騎乘人說法除病式叉迦羅尼

不得佛塔內宿除病守為護式叉迦羅尼 六十

不得佛塔內藏財物除為堅牢故式叉迦羅尼

不得佛塔內宿除為守護故式叉迦羅尼
不得佛塔內藏財物除為堅牢故式叉迦羅尼
不得着革屣入佛塔中式叉迦羅尼
不得捉革屣入佛塔中式叉迦羅尼
不得着革屣遶佛塔行式叉迦羅尼
不得着富羅入佛塔中式叉迦羅尼
不得捉富羅入佛塔中式叉迦羅尼
不得佛塔下食留草及食汙地捨去式叉迦羅尼
不得擔死屍從佛塔下過式叉迦羅尼
不得塔下燒死屍式叉迦羅尼 七十
不得塔前燒死屍式叉迦羅尼
不得遶塔四邊燒死屍使臭氣來入式叉迦羅尼
不得持死人衣塔下過除為浣染香熏式叉迦羅尼
不得塔下大小便式叉迦羅尼
[illegible]

[illegible]

不得持佛像至大小便處式叉迦羅尼

不得塔下嚼楊枝式叉迦羅尼

不得向塔嚼楊枝式叉迦羅尼

BD01114 四分比丘尼戒本

（後秦）佛陀耶舍 譯

（唐）懷素 集

35cm × 27cm

比丘尼諫此沙弥尼言汝莫作是語莫誹謗世尊誹謗
世尊者不善世尊不作是語沙弥尼世尊无數方便說婬
欲是鄣道法犯婬欲者是鄣道法彼比丘尼諫此沙弥尼
時堅持不捨彼比丘尼應乃至三呵諫捨此事故乃至三諫
時若捨者善不捨者彼比丘尼應語是沙弥尼言汝自
今已後非佛弟子不得隨餘比丘尼如諸沙弥尼得與比
丘尼二宿三宿汝今无是事汝出去滅去不須此中住比丘
尼知如是賓沙弥尼若畜共同止宿波逸提
若比丘尼如法諫時作如是語我今不學是戒乃至問有
智慧持律者當難問波逸提若為求解應當難問
若比丘尼說戒時作如是語大姉用是雜碎戒為說是戒時令

若比丘尼說戒時作如是語大姊我始知是法戒經半月半

說戒經來餘比丘尼知是比丘尼若二若三說戒中坐何況多

彼比丘尼无知无解若犯罪應如法治更重增无知法大

姊汝无利不善得汝說戒時不用心念不一心两耳聽法

彼比丘尼无知故波逸提

BD01115 金光明最勝王經卷三

（唐）義净 譯

533.2cm × 26cm

佛告天帝釋善哉善哉善男子汝今修行欲
為无量无邊衆生令得清淨解脫安樂哀愍
世間福利一切若有衆生由業障故造諸罪
者應當策勵晝夜六時偏袒右肩右膝著
地合掌恭敬一心專念口自說言歸命頂礼現
在十方一切諸佛已得阿耨多羅三藐三菩
提者轉妙法輪持照法輪雨大法雨擊大法
鼓吹大法螺建大法幢秉大法炬為欲利益
安樂諸衆生故常行法施誘進群迷令得大
果證常樂故如是等諸佛世尊以身語意稽
首歸誠至心礼敬彼諸世尊以真實慧以真
實眼真實證明真實平等悉知悉見一切衆
生善惡之業我從无始生死以來隨惡流轉
共諸衆生造業障罪為貪瞋癡之所縛未
識佛時、識法時、識僧時、識

識佛時未識法時未識僧時未識善惡由身語
意造无間罪惡心出佛身血誹謗正法破和合
僧殺阿羅漢殺害父母身三語四意三種行
造十惡業自作教他見作隨喜於諸善人橫
生毀謗斗秤欺誑以僞爲真不淨飲食施與
一切於六道中所有父母更相惱害或盜窣覩
波物四方僧物現前僧物自在而用世尊
法律不樂奉行師長教示不相隨順見行聲
聞獨覺大乘行者憙生罵辱令諸行人心生
悔惱見有勝己便懷嫉妬法施財施常生慳
惜无明所覆邪見惑心不修善因令惡增長
於諸佛所而起誹謗法說非法非法說法如
是衆罪佛以真實慧真實眼真實證明真
實平等悉知悉見我今歸命對諸佛前皆悉
發露不敢覆藏未作之罪更不復作已作之罪

發露不敢覆藏未作之罪更不復作已作之罪
今皆懺悔所作業障應墮惡道地獄傍生餓
鬼之中阿蘇羅衆及八難處願我此生所有
業障皆得消滅所有惡報未來不受亦如過
去諸大菩薩修菩提行所有業障悉已懺悔
我之業障今亦懺悔皆悉發露不敢覆藏已
作之罪願得除滅未來之惡更不敢造亦如未
來諸大菩薩修菩提行所有業障悉已懺悔
我之業障今亦懺悔皆悉發露不敢覆藏已
作之罪願得除滅未來之惡更不敢造亦如未
來諸大菩薩修菩提行所有業障悉已懺悔
我之業障今亦懺悔皆悉發露不敢覆藏已
作之罪願得除滅未來之惡更不敢造亦如
現在十方世界諸大菩薩修菩提行所有
業障悉已懺悔我之業障今亦懺悔皆悉

業障悉已懺悔我之業障今亦懺悔皆悉發
露不敢覆藏已作之罪願得除滅未來之惡
更不敢造
善男子以是因緣若有造罪一刹那中不得
覆藏何况一日一夜乃至多時若有犯罪欲
求清淨心懷愧耻信於未來必有惡報生大
恐怖應如是懺如人被火燒頭燒衣救令速
滅火若未滅心不得安若人犯罪亦復如是
即應懺悔令速除滅若有願生富樂之家多
饒財寶復欲發意修習大乘亦應懺悔滅
除業障欲生豪貴婆羅門種刹帝利家及轉
輪王七寶具足亦應懺悔滅除業障
善男子若有欲生四大王衆三十三天夜摩
天覩史多天樂變化天他化自在天亦應
懺悔滅除業障若欲生梵衆梵輔大梵天

懺悔滅除業障若欲生梵衆梵輔大梵天
少光无量光極光淨天少淨无量淨遍淨天
无雲福生廣果无煩无熱善現天善見色究
竟天亦應懺悔滅除業障若欲求預流果一來
果不還果阿羅漢果亦應懺悔滅除業障若
欲願求三明六通聲聞獨覺自在菩提至究
竟地一切智智淨智不思議智不動智三藐三
菩提正遍智者亦應懺悔滅除業障何以
故善男子一切諸法從因緣生如來所說異
相生異相滅因緣異故如是過去諸法皆已
滅盡所有業障无復遺餘是諸行法未得現
生而今得生未來業障更不復起何以故善
男子一切法空如來所說无有我人衆生壽
者亦无生滅亦无行法善男子一切諸法皆

依於本亦不可說何以故過一切相故若有
善男子善女人如是入於微妙真理生信敬
心是名無衆生而有於本以是義故說於懺
悔滅除業障
善男子若人成就四法能除業障永得清淨
云何為四一者不起邪心正念成就二者於甚
深理不生誹謗三者於初行菩薩起一切智
心四者於諸衆生起慈無量是謂為四尒
時世尊而說頌言
專心護三乘　不誹謗深法　作一切智想　慈心淨業障
善男子有四業障難可滅除云何為四一者於
菩薩律儀犯極重惡二者於大乘經心生誹
謗三者於自善根不能增長四者貪著三有
無出離心復有四種對治業障云何為四一者
於十方世界一切如來至心親近說一切罪二

於十方世界一切如來至心親近說一切罪二
者為一切衆生勸請諸佛說深妙法三者隨
喜一切衆生所有功德四者所有一切功德善
根悉皆迴向阿耨多羅三藐三菩提尒時天
帝釋白佛言世尊世間所有男子女人於
大乘行有能行者有不行者云何能得隨
喜一切衆生功德善根佛言善男子若有
衆生雖於大乘未能修習然於晝夜六時
偏袒右肩右膝著地合掌恭敬一心專念作
隨喜時得福无量應作是言十方世界一切衆
生現在修行施戒心慧我今皆悉深生隨喜
由作如是隨喜福故必當獲得尊重殊勝无
上无等最妙之果如是過去未來一切衆生
所有善根皆悉隨喜又於現在初行菩薩
發菩提心所有功德

發菩提心所有功德過百大劫行菩薩行有
大功德獲无上忍至不退轉一生補處如是
一切德之蘊皆悉至心隨喜讚歎過去未
來一切菩薩所有功德隨喜讚歎亦復如是
復於現在十方世界一切諸佛應正遍知
證妙菩提為度无邊諸衆生故轉无上
法輪行无礙法施擊法鼓吹法螺建法幢雨
法雨哀愍勸化一切衆生咸令信受皆蒙法
施悉得充足无盡安樂又復所有菩薩聲聞
獨覺功德積集善根若有衆生未具如是諸
功德者悉令具足我皆隨喜如是過去未來諸
佛菩薩聲聞獨覺所有功德亦皆至心隨喜
讚歎善男子如是隨喜當得无量功德之聚如
恒河沙三千大千世界所有衆生皆斷煩惱成阿
羅漢若有善男子善女人盡其形壽常以上

羅漢若有善男子善女人盡其形壽常以上
妙衣服飲食卧具醫藥而為供養如是功德
不及如前隨喜功德千分之一何以故供養功
德有數有量不攝一切諸功德故隨喜功德
无量无數能攝三世一切德是故若人欲
求增長勝善根者應修如是隨喜功德
若有女人願轉女身為男子者亦應修習隨
喜功德必得隨心現成男子尒時天帝釋白
佛言世尊已知隨喜功德勸請功德唯願為
說欲令未來一切菩薩當轉法輪現在菩薩
正修行故佛告帝釋若有善男子善女人願
求阿耨多羅三藐三菩提者應當修行聲聞
獨覺大乘之道是人當於晝夜六時如前威
儀一心專念作如是言我今歸依十方一切諸佛
世尊已得阿耨多羅三藐三菩提未轉

世尊已得阿耨多羅三藐三菩提未轉无上
法輪欲捨報身入涅槃者我皆至誠頂礼勸
請轉大法輪雨大法雨然大法燈照明理趣
施无礙法莫般涅槃久住於世度脫安樂一
切衆生如前所說乃至无盡安樂我今以此
勸請功德迴向阿耨多羅三藐三菩提如過
去未來現在諸大菩薩勸請功德迴向菩提
我亦如是勸功德迴向无上正等菩提善
男子假使有人以三千大千世界滿中七寶
供養如來若復有人勸請如來轉大法輪所
得功德其福勝彼何以故彼是財施此是法施
善男子且置三千大千世界七寶布施若人
以滿恒河沙數大千世界七寶供養一切諸
佛勸請功德亦勝於彼由其法施有五勝利
云何爲五一者法施兼利自他財施不尒二

云何爲五一者法施兼利自他財施不尒二
者法施能令衆生出於三界財施之福不出
欲界三者法施能淨法身財施但唯增長於
色四者法施无窮財施有盡五者法施能
断无明財施唯伏貪愛是故善男子勸請功
德无量无邊難可辟喻如我昔行菩薩道時
勸請諸佛轉大法輪由彼善根是故今日一
切帝釋諸梵王等勸請於我轉大法輪善男
子請轉法輪爲欲度脫安樂諸衆生故我於
往昔爲菩提行勸請如來久住於世莫般涅
槃依此善根我得十力四无所畏四无礙辯
大慈大悲證得无數不共之法我當入於无
餘涅槃我之正法久住於世我法身者清淨
无比種種妙相无量知慧无量自在无量功
德難可思議一切衆生皆蒙利益百千萬劫

德難可思議一切衆生皆蒙利益百千萬劫
說不能盡法身攝藏一切諸法一切諸法不攝
法身法身常住不墮常見雖復斷滅亦非
斷見能破衆生種種異見能生衆生種種
真見能解一切衆生之縛无縛可解能植衆
生諸善根本未成熟者令成熟已成熟者
令解脫无作无動遠離閙寂静无爲自在
安樂過於三世能現三世出於聲聞獨覺之
境諸大菩薩之所脩行一切如來體无有異
此等皆由勸請功德善根力故如是法身我
今已得是故若有欲得阿耨多羅三藐三菩
提者於諸經中一句一頌爲人解說功德善
根尚无限量何況勸如來轉大法輪久住於世
莫般涅槃
時天帝釋復白佛言世尊若善男子善女

時天帝釋復白佛言世尊若善男子善女
人爲求阿耨多羅三藐三菩提故修三乘道
所有善根云何迴向一切智智佛告天帝善男
子若有衆生欲求菩提修三乘道所有善根
願迴向者當於晝夜六時慇重至心作如是
說我從无始生死以來於三寶所修行成就
所有善根乃至施與傍生一摶之食或以善
言和解諍訟或受三歸及諸學處或復懺悔
勸請隨喜所有善根我今作意悉皆攝取
迴施一切衆生无悔悋心是解脫分善根所攝
如佛世尊之所知見不可稱量无礙清淨如
是所有功德善根悉以迴施一切衆生不住
相心不捨相心我亦如是功德善根悉以迴
施一切衆生願皆獲得如意之手撝空出寶
滿衆生願富樂无盡智慧无窮妙法辯才

滿衆生願富樂 无盡智慧无窮妙法辯才
悉皆无滯共諸衆生同證阿耨多羅三藐三
菩提得一切知因此善根更復出生无量善
法亦皆迴向无上菩提又如過去諸大菩薩
修行之時功德善根悉皆迴向一切種智現在
未來亦復如是然我所有功德善根亦皆迴
向阿耨多羅三藐三菩提是諸善根願共一
切衆生俱成正覺如餘諸佛坐於道場菩提
樹下不可思議无礙清淨住於无盡法藏
陁羅尼首楞嚴定破魔波旬无量兵衆應
見覺知應可通達如是一切一剎那中悉皆照
了於後夜中獲甘露法證甘露義我及衆生
願皆同證如是妙覺猶如
无量壽佛 勝光佛 妙光佛 阿閦佛
功德善光佛 師子光明佛 百光明佛 網光明佛

功德善住佛　師子光明佛　百光明佛　網光明佛
寶相佛　寶焰佛　焰明佛　焰盛光明佛
吉祥上王佛　微妙聲佛　妙莊嚴佛　法幢佛
上勝身佛　可愛色身佛　光明遍照佛　梵淨王佛
上性佛
如是等如來應正遍知過去未來及以現在
示現應化得阿耨多羅三藐三菩提轉无上
法輪爲度衆生我亦如是廣說如上
善男子若有淨信男子女人於此金光明最
勝經王滅業障品受持讀誦憶念不忘爲
他廣說得无量无邊大功德聚譬如三千大
千世界所有衆生一時皆得成就人身得人身
已成獨覺道若有男子女人盡其形壽恭
敬尊重四事供養一一獨覺各施七寶如
須彌山此諸獨覺[illegible]

須弥山此諸獨覺入涅槃後皆以珎寶起塔
供養其塔高廣十二踰繕那以諸花香寶幢
幡蓋常為供養善男子於意云何是人所獲
功德寧為多不天帝釋言甚多世尊善男子
若復有人於此金光明微妙經典衆經之王滅
業障品受持讀誦憶念不忘為他廣說所獲
功德於前所說供養功德百分不及一百千萬
億分及至挍量譬喻所不能及何以故是善
男子善女人住正行中勸請十方一切諸佛
轉无上法輪皆為諸佛歡喜讚歎善男子
如我所說一切施中法施為勝是故善男子
於三寶所設諸供養不可為比勸受三歸持
一切戒无有毀犯三業不空不可為比一切世
界一切衆生隨力隨能隨所願樂於三乘中
勸發菩提心不可為比於三世中一切世界

勸發菩提心不可爲比於三世中一切世界
所有衆生皆得无礙速令成就无量功德
不可爲比三世刹土一切衆生令无障礙得
三菩提不可爲比三世刹土一切衆生勸令
速出四惡道苦不可爲比三世刹土一切衆生
勸令除滅極重惡業不可爲比一切苦惱勸
令解脫不可爲比一切怖畏苦惱逼切皆令
得解不可爲比三世佛前一切衆生所有功
德勸令隨喜發菩提願不可爲比勸除惡行
罵辱之業一切功德皆願成就所在生中勸
請供養尊重讚歎一切三寶勸請衆生淨
修福行成滿菩提不可爲比是故當知勸請
一切世界三世三寶勸請滿足六波羅蜜勸
請轉於无上法輪勸請住世經无量劫演說

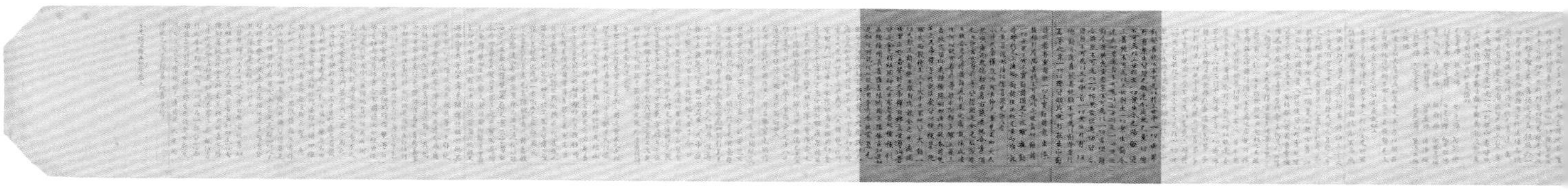

詣轉於无上法輪勸請住世經无量劫演說
无量甚深妙法功德甚深无能比者
尒時天帝釋及恒河女神无量梵王四大天
衆從座而起偏袒右肩右膝著地合掌頂
礼白佛言世尊我等皆得聞是金光明最勝
王經今悉受持讀誦通利為他廣說依此法
住何以故世尊我等欲求阿耨多羅三藐三
菩提隨順此義種種勝相如法行故尒時梵
王及天帝釋等於說法處皆以種種曼陁
羅花而散佛上三千大千世界地皆大動一
切天鼓及諸音樂不鼓自鳴放金色光遍滿
世界出妙音聲時天帝釋白佛言世尊此等
皆是金光明經威神之力慈悲普救種種利
益種種增長菩薩善根滅諸業障佛言如是如
是如汝所說何以故善男子我念往昔過无

是如汝所說何以故善男子我念往昔過无
量百千阿僧祇劫有佛名寶王大光照如來
應正遍知出現於世住世六百八十億劫尒時
寶王大光照如來為欲度脫人天釋梵沙門
婆羅門一切衆生令安樂故當出現時初會
說法度百千億億万衆皆得阿羅漢果諸漏
已盡三明六通自在无礙於第二會復度九
十千億億万衆皆得阿羅漢果諸漏已盡三
明六通自在无礙於第三會復度九十八千
億億万衆皆得阿羅漢果圓滿如上
善男子我於尒時作女人身名福寶光明於
第三會親近世尊受持讀誦是金光明經為
他廣說求阿耨多羅三藐三菩提故時彼世
尊為我授記此福寶光明女於未來世當得

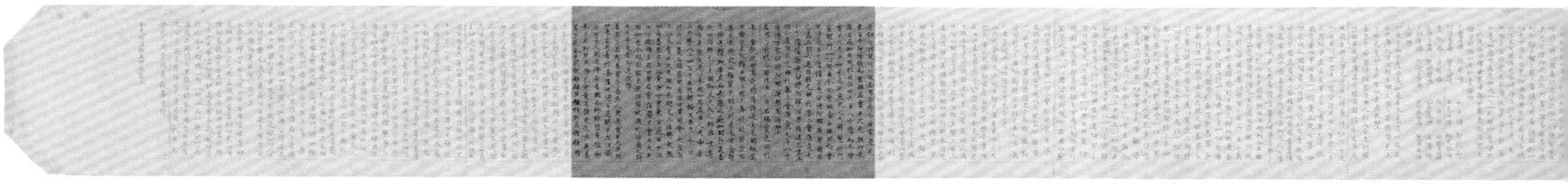

作佛号釋迦牟尼如來應正遍知明行足善
逝世間解无上士調御丈夫天人師佛世尊
捨女身後從是以來越四惡道生人天中受
上妙樂八十四百千生作轉輪王至于今日
得成正覺名稱普聞遍滿世界時會大衆忽
然皆見寶王大光照如來轉无上法轉說微
妙法善男子去此索訶世界東方過百千恒
河沙數佛土有世界名寶莊嚴其寶王大光
照如來今現在彼未般涅槃說微妙法廣化群
生汝等見者即是彼佛
善男子若有善男子善女人聞是寶王大光照
如來名号者於菩薩地得不退轉至大涅槃
若有女人聞是佛名者臨命終時得見彼佛
來至其所既見佛已究竟不復更受女身善
男子是金光明微妙經典種種利益種種增

男子是金光明微妙經典種種利益種種增
長菩薩善根滅諸業障善男子若有苾芻
苾芻尼鄔波索迦鄔波斯迦隨在何處為人
講說是金光明微妙經典於其國土皆獲四種
福利善根云何為四一者國王無病離諸災
厄二者壽命長遠無有障礙三者無諸怨敵
兵衆勇健四者安隱豐樂正法流通何以故
如是人王常為釋梵四王藥叉衆共守護故
尒時世尊告天衆曰善男子是事實不是時
無量釋梵四王及藥叉衆俱時同聲益世尊
言如是如是若有國土講宣讀誦此妙經王
是諸國王我等四王常來擁護行住共俱其
王若有一切災障及諸怨敵我等四王皆使
消殄憂愁疾疫亦令除差增益壽命感應

諸殊憂愁疾疫亦令除差增益壽命感應
禎祥所願遂心恒生歡喜我等亦能令其國
中所有軍兵悉皆勇健佛言善哉善哉善男
子如汝所說汝當修行何以故是諸國王如法行
時一切人民隨王修習如法行者汝等皆蒙色
力勝利宮殿光明眷屬强盛時釋梵等白
佛言如是世尊佛言若有講讀此妙經典流
通之處於其國中大臣輔相有四種益云何
為四一者更相親穆尊重愛念二者常為人
王心所愛重亦為沙門婆羅門大國小國之
所遵敬三者輕財重法不求世利嘉名普蓋
衆所欽仰四者壽命延長安隱快樂是名四
益若有國土宣說是經沙門婆羅門得四種
勝利云何為四一者衣服飲食卧具醫藥
无所乏少二者皆得安心思惟讀誦三者依

无所乏少二者皆得安心思惟讀誦三者依
於山林得安樂住四者隨心所願皆得滿足
是名四種勝利若有國土宣說是經一切人民
皆得豐樂无諸疾疫商估往還多獲寶貨
具足勝福是名種切德利益
尒時梵釋四天王及諸大衆白佛言世尊如
是經典甚深之義若現在者當知如來卅七
種助菩提法住世未滅若是經典滅盡之時
正法亦滅佛言如是如是善男子是故汝等
於此金光明經一句一頌一品一部皆一心正
讀誦正聞持正思惟正修習為諸衆生廣宣
流布長夜安樂福利无邊時諸大衆聞
佛說已咸蒙勝益歡喜受持

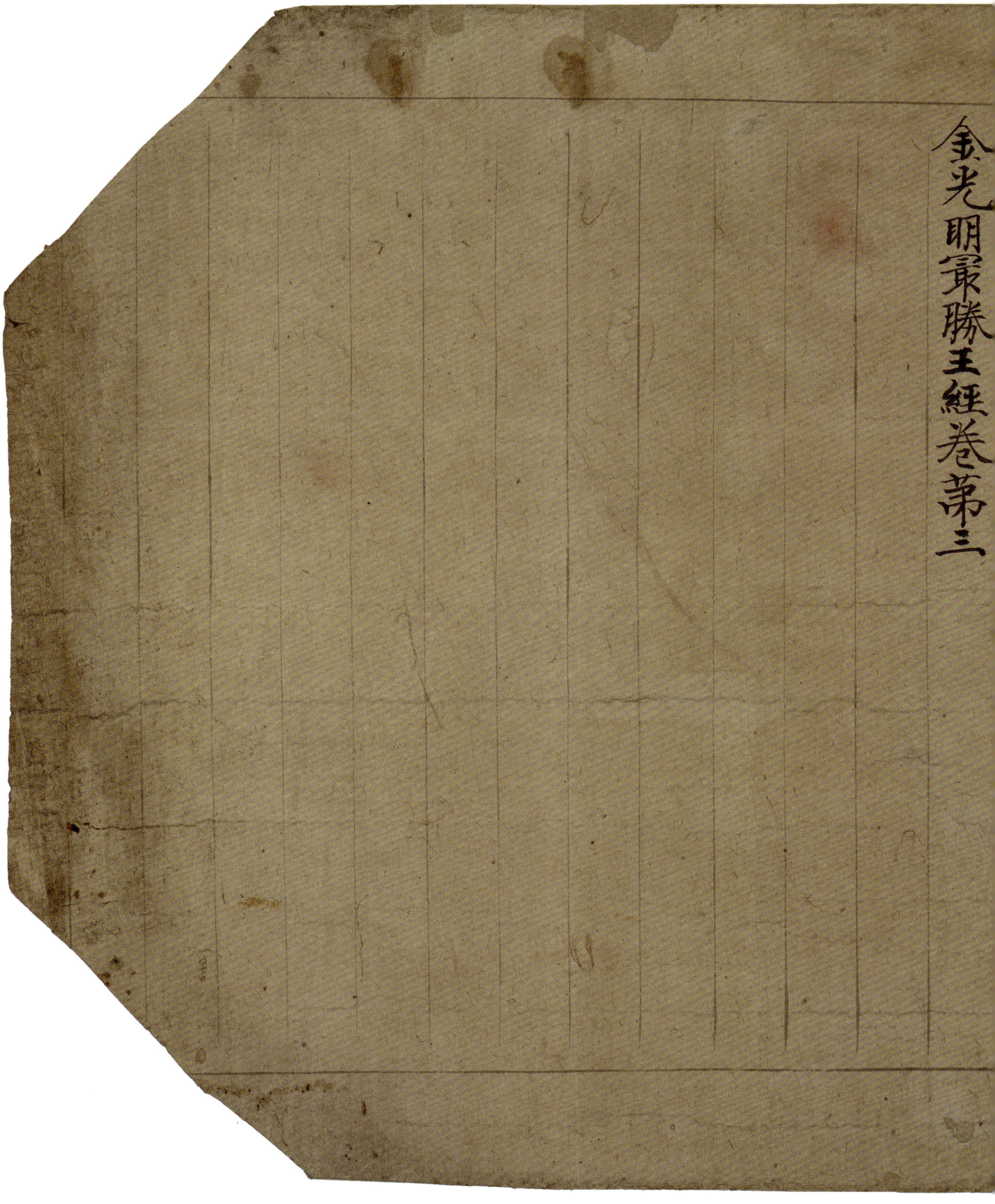

金光明冣勝王經卷第三

BD01116 妙法蓮華經卷一

（後秦）鳩摩羅什 譯

783.6cm × 25.3cm

法并見彼諸
脩行得道者復見諸菩薩摩訶薩種種因緣
種種信解種種相貌行菩薩道復見諸佛般
涅槃者復見諸佛般涅槃後以佛舍利起七寶
塔尒時弥勒菩薩作是念今者世尊現神變
相以何因緣而有此瑞今佛世尊入于三昧
是不可思議現希有事當以問誰誰能荅者
復作此念是文殊師利法王之子已曾親近
供養過去无量諸佛必應見此希有之相我
今當問尒時比丘比丘尼優婆塞優婆夷及
諸天龍鬼神等咸作此念是佛光明神通之
相今當問誰尒時弥勒菩薩欲自決疑又觀
四衆比丘比丘尼優婆塞優婆夷及諸天龍
鬼神等衆會之心而問文殊師利言以何因
緣而有此瑞神通之相放大光明照

薩欲重宣此義以偈問曰
文殊師利 導師何故 眉間白豪 大光普照
雨曼陁羅 曼殊沙華 栴檀香風 悅可眾心
以是因緣 地皆嚴淨 而此世界 六種震
時四部眾 咸皆歡喜 身意快然 得未曾有
眉間光明 照于東方 万八千土 皆如金色
從阿鼻獄 上至有頂 諸世界中 六道眾生
生死所趣 善惡業緣 受報好醜 於此悉見
又覩諸佛 聖主師子 演說經典 微妙第一
其聲清淨 出柔軟音 教諸菩薩 无數億万
梵音深妙 令人樂聞 各於世界 講說正法
種種因緣 以无量喻 照明佛法 開悟眾
若人遭苦 猒老病死 為說涅槃 盡諸苦
若人有福 曾供養佛 志求勝法 為說緣覺

若人有福　曾供養佛　志求勝法　為說緣覺
若有佛子　脩種種行　求无上慧　為說淨道
文殊師利　我住於此　見聞若斯　及千億事
如是衆多　今當略說　我見彼土　恒沙菩薩
種種因緣　而求佛道　或有行施　金銀珊瑚
真珠摩尼　車𤦲馬瑙　金剛諸珎　奴婢車乘
寶飾輦輿　歡喜布施　迴向佛道　願得
三界第一　諸佛所歎　或有菩薩　駟馬寶
欄楯華蓋　軒飾布施　復見菩薩　身肉手
及妻子施　求无上道　又見菩薩　頭目身體
欣樂施與　求佛智慧　文殊師利　我見諸王
往詣佛所　問无上道　便捨樂土　宮殿臣妾
剃除鬚髮　而被法服　或見菩薩　而作比丘
獨處閑靜　樂誦經典　又見菩薩　勇猛精進

深修禪定　得五神通　又見菩薩　安禪合
以千万偈　讚諸法王　復見菩薩　智深志固
能問諸佛　聞悉受持　又見佛子　定慧具足
以无量喻　為衆講法　欣樂説法　化諸菩薩
破魔兵衆　而擊法皷　又見菩薩　寂然宴嘿
天龍恭敬　不以為喜　又見菩薩　處林放光
濟地獄苦　令入佛道　又見佛子　未曾睡眠
經行林中　勤求佛道　又見具戒　威儀无缺
淨如寶珠　以求佛道　又見佛子　住忍辱
增上慢人　惡罵捶打　皆悉能忍　以求佛道
又見菩薩　離諸戲咲　及癡眷屬　親近智者
一心除乱　攝念山林　億千万歲　以求佛道
或見菩薩　餚饍飲食　百種湯藥　施佛及僧
名衣上服　價直千万　或无價衣　施佛及僧
千万億種　栴檀寶舍　衆妙臥具　施佛及僧

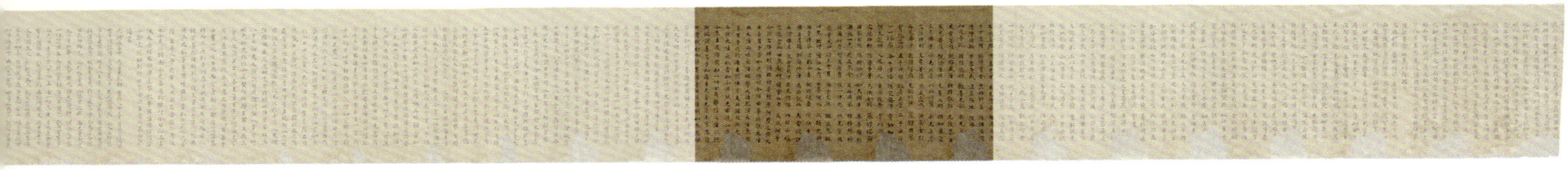

名衣上服 價直千万 或无價衣 施佛及僧
千万億種 栴檀寶舍 衆妙卧具 施佛及僧
清淨園林 華菓茂盛 流泉浴池 施佛……
如是等施 種種微妙 歡喜无猒 求无上……
或有菩薩 說寂滅法 種種教詔 无數衆生
或見菩薩 觀諸法性 无有二相 猶如虛空
又見佛子 心无所著 以此妙慧 求无上道
文殊師利 又有菩薩 佛滅度後 供養舍利
又見佛子 造諸塔廟 无數恒沙 嚴餝國界
寶塔高妙 五千由旬 縱廣正等 二千由旬
一一塔廟 各千幢幡 珠交露幔 寶鈴和……
諸天龍神 人及非人 香華伎樂 常以供……
文殊師利 諸佛子等 為供舍利 嚴餝塔廟
國界自然 殊特妙好 如天樹王 其華開敷
佛放一光 我及衆會 見此國界 種種殊妙

我等見此　得未曾有　佛子文殊　願決衆疑
四衆欣仰　瞻仁及我　世尊何故　放斯光明
佛子時答　決疑令喜　何所饒益　演斯光
佛坐道場　所得妙法　為欲說此　為當授記
示諸佛土　衆寶嚴淨　及見諸佛　此非小緣
文殊當知　四衆龍神　瞻察仁者　為說何等
尒時文殊師利語彌勒菩薩摩訶薩及諸大
士善男子等如我惟忖今佛世尊欲說大法
雨大法雨吹大法螺擊大法鼓演大法義諸
善男子我於過去諸佛曾見此瑞放斯光
即說大法是故當知今佛現光亦復如是
令衆生咸得聞知一切世間難信之法故現
斯瑞諸善男子如過去无量无邊不可思議
阿僧祇劫尒時有佛号日月燈明如來應供

阿僧祇劫尒時有佛号日月燈明如來應供
正遍知明行足善逝世間解无上士調御丈
夫天人師佛世尊演說正法初善中善後善
其義深遠其語巧妙純一无雜具足清白梵
行之相為求聲聞者說應四諦法度生
死究竟涅槃為求辟支佛者說應十二因緣
法為諸菩薩說應六波羅蜜令得阿耨多羅
三藐三菩提成一切種智次復有佛亦名日月
燈明次復有佛亦名日月燈明如是二万佛皆
同一字号日月燈明又同一姓姓頗羅墮弥勒
當知初佛後佛皆同一字名日月燈明十
号具足所可說法初中後善其最後佛
出家時有八子一名有意二名善意
无量意四名寶意五名增意六名除疑意

領四天下是諸王子聞父出家得阿耨多羅
三藐三菩提悉捨王位亦隨出家發大乘意
常脩梵行皆為法師已扵千万佛所殖諸善
本是時日月燈明佛說大乘経名无量義教
菩薩法佛所護念說是経已即扵大眾中結
跏趺坐入扵无量義處三昧身心不動是時
天雨曼陀羅華摩訶曼陀羅華曼殊沙華摩
訶曼殊沙華而散佛上及諸大眾普佛世界
六種震動尒時會中比丘比丘尼優婆塞優
婆夷天龍夜叉乾闥婆阿脩羅迦樓羅緊那
羅摩睺羅伽人非人　及諸小王轉輪聖王等
是諸大眾得未曾有歡喜合掌一心觀佛尒
時如來放眉間白毫相光照東方万八千佛
土靡不周遍如今所見是諸佛土弥勒當知
尒時會中有二十億菩薩樂欲聽法是諸菩

尒時會中有二十億菩薩樂欲聽法是諸菩
薩見此光明普照佛土得未曾有欲知此
光所為因緣時有菩薩名曰妙光有八百弟
子是時日月燈明佛從三昧起因妙光菩薩
說大乘經名妙法蓮華教菩薩法佛所護念
六十小劫不起于座時會聽者亦坐一處六
十小劫身心不動聽佛所說謂如食頃是時
衆中无有一人若身若心而生懈惓日月燈
明佛於六十小劫說是經已即於梵魔沙門
婆羅門及天人阿脩羅衆中而宣此言如來
於今日中夜當入无餘涅槃時有菩薩名曰
德藏日月燈明佛即授其記告諸比丘是德
藏菩薩次當作佛号曰淨身多陁阿伽度阿
羅訶三藐三佛陁佛授記已便於中夜入无餘

妙光妙光教化令其堅固阿耨多羅三藐三
菩提是諸王子供養无量百千万億佛已皆
成佛道其最後成佛者名曰然燈八百弟子
中有一人号曰求名貪著利養雖復讀誦衆
經而不通利多所忘失故号求名是人亦以
種諸善根因緣故得值无量百千万億諸佛
供養恭敬尊重讚嘆弥勒當知尒時妙光菩
薩豈異人乎我身是也求名菩薩汝身是
也今見此瑞與本无異是故惟忖今日如來當
說大乘經名妙法蓮華教菩薩法佛所護念
尒時文殊師利於大衆中欲重宣此義而說
偈言
我念過去世　无量无數劫　有佛人中尊　号日月燈明

我念過去世　无量无數劫　有佛人中尊　号日月燈明
世尊演說法　度无量眾生　无數億菩薩　令入佛智慧
佛未出家時　所生八王子　見大聖出家　亦隨脩梵行
時佛說大乘　經名无量義　於諸大眾中　而為廣分別
佛說此經已　即於法座上　跏趺坐三昧　名无量義處
天雨曼陁華　天鼓自然鳴　諸天龍鬼神　供養人中尊
一切諸佛土　即時大震動　佛放眉間光　現諸希有事
此光照東方　万八千佛土　示一切眾生　生死業報處
有見諸佛土　以眾寶莊嚴　琉璃頗梨色　斯由佛光照
及見諸天人　龍神夜叉眾　乾闥緊那羅　各供養其佛
又見諸如來　自然成佛道　身色如金山　端嚴甚微妙
如淨琉璃中　內現真金像　世尊在大眾　敷演深法義
一一諸佛土　聲聞眾无數　因佛光所照　悉見彼大眾
或有諸比丘　在於山林中　精進持淨戒　猶如護明珠
又見諸菩薩　行施忍辱等　其數如恒沙　斯由佛光照

又見諸菩薩　深入諸禪定　身心寂不動　以求无上道
又見諸菩薩　知法寂滅相　各於其國土　說法求佛道
尒時四部衆　見日月燈明　現大神通力　其心皆歡喜
各各自相問　是事何因緣　天人所奉尊　適從三昧起
讚妙光菩薩　汝為世間眼　一切所歸信　能奉持法藏
如我所說法　唯汝能證知　世尊既讚歎　令妙光歡喜
說是法華經　滿六十小劫　不起於此座　所說上妙法
是妙光法師　悉皆能受持　佛說是法華　令衆歡喜已
尋即於是日　告於天人衆　諸法實相義　已為汝等說
我今於中夜　當入於涅槃　汝一心精進　當離於放逸
諸佛甚難值　億劫時一遇　世尊諸子等　聞佛入涅槃
各各懷悲惱　佛滅一何速　聖主法之王　安慰无量衆
我若滅度時　汝等勿憂怖　是德藏菩薩　於无漏實相
心已得通達　其次當作佛　號曰為淨身　亦度无量衆
佛此夜滅度　如薪盡火滅　分布諸舍利　而起无量塔

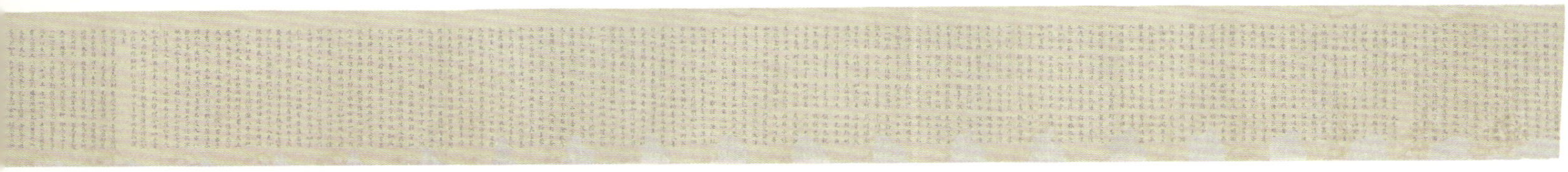

心已得通達　其次當作佛　号曰為淨身　亦度无量衆
佛此夜滅度　如薪盡火滅　分布諸舍利　而起无量塔
比丘比丘尼　其數如恒沙　倍復加精進　以求无上道
是妙光法師　奉持佛法藏　八十小劫中　廣宣法華經
是諸八王子　妙光所開化　堅固无上道　當見无數佛
供養諸佛已　隨順行大道　相繼得成佛　轉次而授記
最後天中天　号曰燃燈佛　諸仙之導師　度脫无量衆
是妙光法師　時有一弟子　心常懷懈怠　貪著於名利
求名利无猒　多遊族姓家　棄捨所習誦　廢忘不通利
以是因緣故　号之為求名　亦行衆善業　得見无數佛
供養於諸佛　隨順行大道　具六波羅蜜　今見釋師子
其後當作佛　号名曰弥勒　廣度諸衆生　其數无有量
彼佛滅度後　懈怠者汝是　妙光法師者　今則我身是
我見燈明佛　本光瑞如此　以是知今佛　欲說法華經

諸求三乘人　若有疑悔者　佛當為除斷　令盡无有餘

妙法蓮華經方便品第二

尒時世尊從三昧安詳而起告舍利弗諸佛智
慧甚深无量其智慧門難解難入一切聲聞辟
支佛所不能知所以者何佛曾親近百千万億
无數諸佛盡行諸佛无量道法勇猛精進名
稱普聞成就甚深未曾有法隨宜所說意趣
難解舍利弗吾從成佛已來種種因緣種種
譬喻廣演言教无數方便引導衆生令離諸
著所以者何如來方便知見波羅蜜皆已具
足舍利弗如來知見廣大深遠无量无礙
力无所畏禪定解脫三昧深入无際成就一
切未曾有法舍利弗如來能種種分別巧說
諸法言辭柔軟悅可衆心舍利弗取要言之

BD01116　妙法蓮華經卷一

諸法言辭柔軟悅可衆心舍利弗取要言之
无量无邊未曾有法佛悉成就止舍利弗不
須復說所以者何佛所成就第一希有難解
之法唯佛與佛乃能究盡諸法實相所謂諸
法如是相如是性如是體如是力如是作如
是因如是緣如是果如是報如是本末究竟
等尒時世尊欲重宣此義而說偈言
世雄不可量 諸天及世人 一切衆生類 无能知佛者
佛力无所畏 解脫諸三昧 及佛諸餘法 无能測量者
本從无數佛 具足行諸道 甚深微妙法 難見難可了
於无量億劫 行此諸道已 道場得成果 我已悉知見
如是大果報 種種性相義 我及十方佛 乃能知是事
是法不可示 言辭相寂滅 諸餘衆生類 无有能得解
除諸菩薩衆 信力堅固者 諸佛弟子衆 曾供養諸佛

假使滿世間　皆如舍利弗　盡思共度量　不能測佛智
正使滿十方　皆如舍利弗　及餘諸弟子　亦滿十方剎
盡思共度量　亦復不能知　辟支佛利智　无漏冣後身
亦滿十方界　其數如竹林　斯等共一心　於億无量劫
欲思佛實智　莫能知少分　新發意菩薩　供養无數佛
了達諸義趣　又能善說法　如稻麻竹葦　充滿十方剎
一心以妙智　於恒河沙劫　咸皆共思量　不能知佛智
不退諸菩薩　其數如恒沙　一心共思求　亦復不能知
又告舍利弗　无漏不思議　甚深微妙法　我今已具得
唯我知是相　十方佛亦然　舍利弗當知　諸佛語无異
於佛所說法　當生大信力　世尊法久後　要當說真實
告諸聲聞衆　及求緣覺乘　我令脫苦縛　逮得涅槃者
佛以方便力　示以三乘教　衆生處處著　引之令得出
尒時大衆中有諸聲聞漏盡阿羅漢阿若憍

BD01116　妙法蓮華經卷一

佛以方便力　示以三乘教　衆生處處著　引之令得出
尒時大衆中有諸聲聞漏盡阿羅漢阿若憍
陳如等千二百人及發聲聞辟支佛心比丘比
丘尼優婆塞優婆夷各作是念今者世尊何
故慇懃稱歎方便而作是言佛所得法甚深
難解有所言說意趣難知一切聲聞辟支佛
所不能及佛說一解脫義我等亦得此法
到於涅槃而今不知是義所趣尒時舍利弗
知四衆心疑自亦未了而白佛言世尊何因
何緣慇懃稱歎諸佛第一方便甚深微妙難
解之法我自昔來未曾從佛聞如是說今者
四衆咸皆有疑唯願世尊敷演斯事世尊何
故慇懃稱歎甚深微妙難解之法尒時舍利弗
欲重宣此義而說偈言
慧日大聖尊　久乃說是法　自說得如是　力無畏三昧

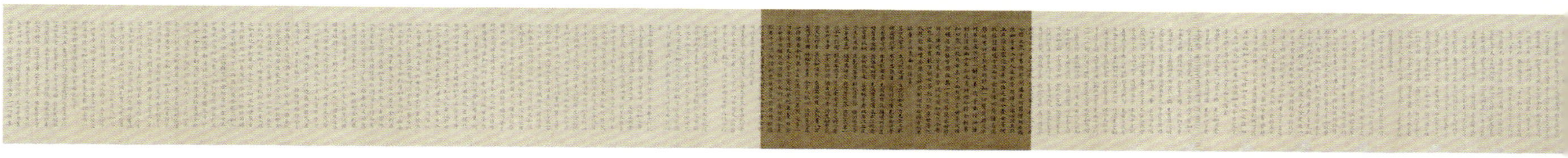

道場所得法　无能發問者

我意難可測　亦无能問者　无問而自說　稱嘆所行道

智慧甚微妙　諸佛之所得　无漏諸羅漢　及求涅槃者

今皆墮疑網　佛何故說是　其求緣覺者　比丘比丘尼

諸天龍鬼神　及乾闥婆等　相視懷猶豫　瞻仰兩足尊

是事為云何　願佛為解說　於諸聲聞眾　佛說我第一

我今自於智　疑惑不能了　為是究竟法　為是所行道

佛口所生子　合掌瞻仰待　願出微妙音　時為如實說

諸天龍神等　其數如恒沙　求佛諸菩薩　大數有八万

又諸万億國　轉輪聖王至　合掌以敬心　欲聞具足道

尒時佛告舍利弗　止止不須復說　若說是事一

切世間諸天及人皆當驚疑　舍利弗重白佛

言世尊唯願說之唯願說之所以者何是會无

數百千万億阿僧祇眾生曾見諸佛諸根猛

利智慧明了聞佛所說則能敬信尒時舍利

言世尊唯願說之唯願說之所以者何是會无
數百千万億阿僧祇衆生曾見諸佛諸根猛
利智慧明了聞佛所說則能敬信尒時舍利
弗欲重宣此義而說偈言
法王无上尊　唯說願勿慮　是會无量衆　有能敬信者
佛復止舍利弗若說是事一切世間天人阿脩
羅皆當驚疑增上慢比丘將墜於大坑尒時
世尊重說偈言
止止不須說　我法妙難思　諸增上慢者　聞必不敬信
尒時舍利弗重白佛言世尊唯願說之唯願
說之今此會中如我等比百千万億世世已
曾從佛受化如此人等必能敬信長夜安隱
多所饒益尒時舍利弗欲重宣此義而說偈
言

皆一心合掌　欲聽受佛語　我等千二百　及餘求佛者
願為此衆故　唯垂分別說　是等聞此法　則生大歡喜
尒時世尊告舍利弗汝已慇懃三請豈得不
說汝今諦聽善思念之吾當為汝分別解說
說此語時會中有比丘比丘尼優婆塞優婆
夷五千人等即從座起礼佛而退所以者何此
輩罪根深重及增上慢未得謂得未證謂證
有如此失是以不住世尊嘿然而不制止尒時
佛告舍利弗我今此衆无復枝葉純有貞實
舍利弗如是增上慢人退亦佳矣汝今善聽當
為汝說舍利弗言唯然世尊願樂欲聞佛告
舍利弗如是妙法諸佛如來時乃說之如優
曇鉢華時一現耳舍利弗汝等當信佛之所
說言不虛妄舍利弗諸佛隨宜說法意趣難

曇鉢華時一現耳舍利弗汝等當信佛之所
說言不虛妄舍利弗諸佛隨宜說法意趣難
解所以者何我以无數方便種種因緣譬喻言
辭演說諸法是法非思量分別之所能解唯
有諸佛乃能知之所以者何諸佛世尊唯
以一大事因緣故出現於世舍利弗云何
名諸佛世尊唯以一大事因緣故出現於
世諸佛世尊欲令衆生開佛知見使得清淨
故出現於世欲示衆生佛之知見故出現於世
欲令衆生悟佛知見故出現於世欲令衆生入
佛知見道故出現於世舍利弗是為諸佛以
一大事因緣故出現於世佛告舍利弗諸佛
如來但教化菩薩諸有所作常為一事唯以
佛之知見示悟衆生舍利弗如來但以一佛乘
故為衆生說法无有餘乘若二若三舍利弗

以无量无數方便種種因緣辟喻言辭而為
衆生演說諸法是法皆為一佛乘故是諸衆
生從諸佛聞法究竟皆得一切種智舍利弗
未來諸佛當出於世亦以无量无數方便種
種因緣辟喻言辭而為衆生演說諸法是法
皆為一佛乘故是諸衆生從佛聞法究竟皆
得一切種智舍利弗現在十方无量百千万
億佛土中諸佛世尊多所饒益安樂衆生
是諸佛亦以无量无數方便種種因緣辟喻言
辭而為衆生演說諸法是法皆為一佛乘故
是諸衆生從佛聞法究竟皆得一切種智舍
利弗是諸佛但教化菩薩欲以佛之知見示衆
生故欲以佛之知見悟衆生故欲令衆生入佛
之知見故舍利弗我今亦復如是知諸衆生

生故欲以佛之知見悟衆生故欲令衆生入佛
之知見故舍利弗我今亦復如是知諸衆生
有種種欲深心所著隨其本性以種種因緣
譬喻言辭方便力故而爲說法舍利弗如此
皆爲得一佛乘一切種智故舍利弗十方世界
中尚无二乘何况有三舍利弗諸佛出於五
濁惡世所謂劫濁煩惱濁衆生濁見濁命
濁如是舍利弗劫濁亂時衆生垢重慳貪嫉
妬成就諸不善根故諸佛以方便力於一佛
乘分別說三舍利弗若我弟子自謂阿羅漢
辟支佛者不聞不知諸佛如來但教化菩薩事
此非佛弟子非阿羅漢非辟支佛又舍利弗是
諸比丘比丘尼自謂已得阿羅漢是最後身
究竟涅槃便不復志求阿耨多羅三藐三菩
提當知此輩皆是增上慢人所以者何若有

滅度後現前无佛所以者何佛滅度後如是
等經受持讀誦解義者是人難得若遇餘佛
於此法中便得決了舍利弗汝等當一心信解受
持佛語諸佛如來言无虛妄无有餘乘唯一
佛乘尒時世尊欲重宣此義而說偈言
比丘比丘尼　有懷增上慢　優婆塞我慢　優婆夷不信
如是四衆等　其數有五千　不自見其過　於戒有缺漏
護惜其瑕疵　是小智已出　衆中之糟糠　佛威德故去
斯人尠福德　不堪受是法　此衆无枝葉　唯有諸貞實
舍利弗善聽　諸佛所得法　无量方便力　而為衆生說
衆生心所念　種種所行道　若干諸欲性　先世善惡業
佛悉知是已　以諸緣譬喻　言辭方便力　令一切歡喜
或說脩多羅　伽陀及本事　本生未曾有　亦說於因緣
譬喻并祇夜　優波提舍經　鈍根樂小法　貪著於生死

佛悉知是已　以諸緣譬喻　言辭方便力　令一切歡喜
或說修多羅　伽陀及本事　本生未曾有　亦說於因緣
譬喻并祇夜　優波提舍經　鈍根樂小法　貪著於生死
於諸无量佛　不行深妙道　衆苦所惱乱　為是說涅槃
我設是方便　令得入佛慧　未曾說汝等　當得成佛道
所以未曾說　說時未至故　今正是其時　決定說大乘
我此九部法　隨順衆生說　入大乘為本　以故說是經
有佛子心淨　柔軟亦利根　无量諸佛所　而行深妙道
為此諸佛子　說是大乘經　我記如是人　來世成佛道
以深心念佛　脩持淨戒故　此等聞得佛　大喜充遍身
佛知彼心行　故為說大乘　聲聞若菩薩　聞我所說法
乃至於一偈　皆成佛无疑　十方佛土中　唯有一乘法
无二亦无三　除佛方便說　但以假名字　引導於衆生
說佛智慧故　諸佛出於世　唯此一事實　餘二則非真
終不以小乘　濟度於衆生　佛自住大乘　如其所得法

若以小乘化　乃至扵一人　我則墮慳貪　此事為不可
若人信歸佛　如來不欺誑　亦无貪嫉意　斷諸法中惡
故佛扵十方　而獨无所畏　我以相嚴身　光明照世間
无量衆所尊　為說實相印　舍利弗當知　我本立誓願
欲令一切衆　如我等无異　如我昔所願　今者已滿足
化一切衆生　皆令入佛道　若我遇衆生　盡教以佛道
无智者錯乱　迷惑不受教　我知此衆生　未曾脩善本
堅著扵五欲　癡愛故生惱　以諸欲因緣　墜墮三惡道
輪迴六趣中　備受諸苦毒　受胎之微形　世世常增長
薄德少福人　衆苦所逼迫　入耶見稠林　若有若无等
依止此諸見　具足六十二　深著虛妄法　堅受不可捨
我慢自矜高　諂曲心不實　扵千万億劫　不聞佛名字
亦不聞正法　如是人難度　是故舍利弗　我為設方便
說諸盡苦道　示之以涅槃　我雖說涅槃　是亦非真滅

我慢自矜高　諂曲心不實　於千萬億劫　不聞佛名字
亦不聞正法　如是人難度　是故舍利弗　我為設方便
說諸盡苦道　示之以涅槃　我雖說涅槃　是亦非真滅
諸法從本來　常自寂滅相　佛子行道已　來世得作佛
我有方便力　開示三乘法　一切諸世尊　皆說一乘道
今此諸大眾　皆應除疑惑　諸佛語无異　唯一无二乘
過去无數劫　无量滅度佛　百千万億種　其數不可量
如是諸世尊　種種緣譬喻　无數方便力　演說諸法相
是諸世尊等　皆說一乘法　化无量眾生　令入於佛道
又諸大聖主　知一切世間　天人羣生類　深心之所欲
更以異方便　助顯第一義　若有眾生類　值諸過去佛
若聞法布施　或持戒忍辱　精進禪智等　種種脩福慧
如是諸人等　皆已成佛道　諸佛滅度已　若人善軟心
如是諸眾生　皆已成佛道　諸佛滅度已　供養舍利者
起万億種塔　金銀及頗梨　車磲與馬瑙　玫瑰琉璃珠

清淨廣嚴飾　莊校於諸塔　或有起石廟　栴檀及沈水
木樒并餘材　塼瓦泥土等　若於曠野中　積土成佛廟
乃至童子戲　聚沙為佛塔　如是諸人等　皆已成佛道
若人為佛故　建立諸形像　刻雕成衆相　皆已成佛道
或以七寶成　鍮鉐赤白銅　白鑞及鈆錫　鐵木及與泥
或以膠漆布　嚴飾作佛像　如是諸人等　皆已成佛道
采畫作佛像　百福莊嚴相　自作若使人　皆已成佛道
乃至童子戲　若草木及筆　或以指爪甲　而畫作佛像
如是諸人等　漸漸積功德　具足大悲心　皆已成佛道
但化諸菩薩　度脫无量衆　若人於塔廟　寶像及畫像
以華香幡蓋　敬心而供養　若使人作樂　擊鼓吹角貝
簫笛琴箜篌　琵琶鐃銅鈸　如是衆妙音　盡持以供養
或以歡喜心　歌唄頌佛德　乃至一小音　皆已成佛道
若人散乱心　乃至以一華　供養於畫像　漸見无數佛
或有人禮拜　或復但合掌　乃至舉一手　或復小低頭

若人散乱心　乃至以一華　供養於畫像　漸見无數佛
或有人礼拜　或復但合掌　乃至舉一手　或復小低頭
以此供養像　漸見无量佛　自成无上道　廣度无數衆
入无餘涅槃　如薪盡火滅　若人散乱心　入於塔廟中
一稱南无佛　皆已成佛道　於諸過去佛　在世或滅後
若有聞是法　皆已成佛道　未來諸世尊　其數无有量
是諸如來等　亦方便說法　一切諸如來　以无量方便
度脫諸衆生　入佛无漏智　若有聞法者　无一不成佛
諸佛本誓願　我所行佛道　普欲令衆生　亦同得此道
未來世諸佛　雖說百千億　无數諸法門　其實為一乘
諸佛兩足尊　知法常无性　佛種從緣起　是故說一乘
是法住法位　世間相常住　於道場知已　導師方便說
天人所供養　現在十方佛　其數如恒沙　出現於世間
安隱衆生故　亦說如是法　知第一寂滅　以方便力故

過去所習業　欲性精進力　及諸根利鈍　以種種因緣
譬喻亦言辭　隨應方便說　今我亦如是　安隱衆生故
以種種法門　宣示於佛道　我以智慧力　知衆生性欲
方便說諸法　皆令得歡喜　舍利弗當知　我以佛眼觀
見六道衆生　貧窮无福慧　入生死險道　相續苦不斷
深着於五欲　如猫牛愛尾　以貪愛自蔽　盲瞑无所見
不求大勢佛　及與斷苦法　深入諸邪見　以苦欲捨苦
為是衆生故　而起大悲心　我始坐道場　觀樹亦經行
於三七日中　思惟如是事　我所得智慧　微妙最第一
衆生諸根鈍　著樂癡所盲　如斯之等類　云何而可度
尒時諸梵王　及諸天帝釋　護世四天王　及大自在天
并餘諸天衆　眷屬百千万　恭敬合掌礼　請我轉法輪
我即自思惟　若但讚佛乘　衆生沒在苦　不能信是法
破法不信故　墜於三惡道　我寧不說法　疾入於涅槃

我即自思惟　若但讚佛乘　衆生沒在苦　不能信是法
破法不信故　墜於三惡道　我寧不說法　疾入於涅槃
尋念過去佛　所行方便力　我今所得道　亦應說三乘
作是思惟時　十方佛皆現　梵音慰喻我　善哉釋迦文
第一之導師　得是无上法　隨諸一切佛　而用方便力
我等亦皆得　最妙第一法　為諸衆生類　分別說三乘
少智樂小法　不自信作佛　是故以方便　分別說諸果
雖復說三乘　但為教菩薩　舍利弗當知　我聞聖師子
深淨微妙音　稱南无諸佛　復作如是念　我出濁惡世
如諸佛所說　我亦隨順行　思惟是事已　即趣波羅柰
諸法寂滅相　不可以言宣　以方便力故　為五比丘說
是名轉法輪　便有涅槃音　及以阿羅漢　法僧差別名
從久遠劫來　讚示涅槃法　生死苦永盡　我常如是說
舍利弗當知　我見佛子等　志求佛道者　无量千万億
咸以恭敬心　皆來至佛所　曾從諸佛聞　方便所說法

舍利弗當知 鈍根小智人 著相憍慢者 不能信是法
今我喜无畏 於諸菩薩中 正直捨方便 但說无上道
菩薩聞是法 疑網皆已除 千二百羅漢 悉亦當作佛
如三世諸佛 說法之儀式 我今亦如是 說无分別法
諸佛興出世 懸遠值遇難 正使出于世 說是法復難
无量无數劫 聞是法亦難 能聽是法者 斯人亦復難
譬如優曇華 一切皆愛樂 天人所希有 時時乃一出
聞法歡喜讚 乃至發一言 則為已供養 一切三世佛
是人甚希有 過於優曇華 汝等勿有疑 我為諸法王
普告諸大衆 但以一乘道 教化諸菩薩 无聲聞弟子
汝等舍利弗 聲聞及菩薩 當知是妙法 諸佛之秘要
以五濁惡世 但樂着諸欲 如是等衆生 終不求佛道
當來世惡人 聞佛說一乘 迷惑不信受 破法墮惡道

當來世惡人　聞佛說一乘　迷惑不信受　破法墮惡道
有慚愧清淨　志求佛道者　當為如是等　廣讚一乘道
舍利弗當知　諸佛法如是　以万億方便　隨宜而說法
其不習學者　不能曉了此　汝等既已知　諸佛世之師
隨宜方便事　无復諸疑惑　心生大歡喜　自知當作佛

妙法蓮華經卷第一

BD01117　四分比丘尼戒本

（後秦）佛陀耶舍　譯
（唐）懷素　集

140cm × 27.6cm

若比丘尼壞鬼神村者波逸提
若比丘尼妄作異語惱他者波逸提
若比丘尼嫌罵他者波逸提
若比丘尼僧取繩牀若木牀若坐若臥具坐蓐露地自
敷若教人敷捨去不自舉不教人舉波逸提
若比丘尼於僧房中草臥具自敷若教人敷在中若坐
若臥從彼處捨去不自舉不教人舉者波逸提
若比丘尼知比丘尼先住處後來於中間敷臥具止宿念言彼
若嫌迮者自當避我去作如是因緣非餘非威儀波逸提
若比丘尼瞋他比丘尼不喜衆僧房中自牽出若教人
[illegible]出者波逸提

若比丘尼若在僧房重閣上脫腳繩床若木床若坐若臥波逸提
若比丘尼知水有虫自用澆泥若草若教人澆者波逸提
若比丘尼作大房戶扉窗牖及餘莊飾具指授覆苫
齊二三節若過者波逸提廿
若比丘尼施一食處无病比丘尼應一食若過者波逸提
若比丘尼別眾食除餘時波逸提餘時者病時作衣時若
施衣時道行時船行時大會時沙門施食時此是時
若比丘尼至檀越家慇懃請與餅麨食比丘尼欲須者二三
鉢應受持至寺內分與餘比丘尼食若比丘尼无病過三
鉢受食持至寺內不分與餘比丘尼食者波逸提
若比丘尼非時食者波逸提
若比丘尼殘宿食噉者波逸提

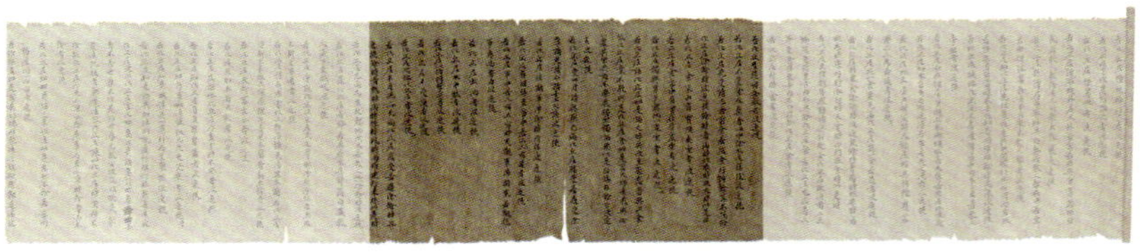

若比丘尼殘宿食噉者波逸提
若比丘尼不受食及藥著口中除水及楊枝波逸提
若比丘尼先受請已若前食若後食行詣餘家不囑餘
比丘尼除餘時波逸提餘時者病時作衣時施衣時此是時
若比丘尼食家中有寶強安坐者波逸提
若比丘尼食家中有寶在屏處坐者波逸提
若比丘尼獨與男子露地一處坐者波逸提　卅
若比丘尼語比丘尼如是語大姊共汝至聚落當與汝食
彼比丘尼竟不教與是比丘尼食如是言大姊去我與汝
一處共坐共語不樂我獨坐獨語樂以是因緣非餘方便遣
去波逸提
若比丘尼受四月請與藥無病比丘尼應受若過受除

常請更請分請盡形請波逸提

若比丘尼往觀軍陣除時因緣波逸提

若比丘尼有因緣至軍中若二三宿過者波逸提

若比丘尼軍中若二宿三宿時或觀軍陣鬪戰若觀遊

軍象馬勢力波逸提

若比丘尼飲酒者波逸提

若比丘尼水中戲者波逸提

若比丘尼以指相擊歷者波逸提

若比丘尼不受諫者波逸提

若比丘尼恐他比丘尼者波逸提 卌

若比丘尼半月洗浴无病比丘尼應受若過除餘時波

逸提餘時者熱時病時作時風時雨時遠行來時此是時

逸提餘時者熱時病時作時風時雨時遠行來時此是時
若比丘尼无病爲炙故露地然火若教人然除餘時波逸提
若比丘尼藏比丘尼若鉢若衣若坐具針筒自藏教
人藏下至戲咲波逸提
若比丘尼淨施比丘比丘尼式叉摩那沙弥沙弥尼衣後
不問主取着者波逸提
若比丘尼得新衣當作三種染壞色清黑木蘭若比丘尼
得新衣不作三種染壞色青黑木蘭着新衣持者波逸提
若比丘尼故斷畜生命者波逸提
若比丘尼知水有虫飲者波逸提
若比丘尼故惱他比丘尼乃至少時不樂者波逸提
若比丘尼知比丘尼有麁罪覆藏者波逸提

若比丘尼知[illegible]

若比丘尼知是賊伴共一道行乃至聚落波逸提

若比丘尼作如是語我知佛所說法行婬欲非障道法彼

比丘尼諫此比丘尼言大姊莫作是語莫謗世尊謗世尊

者不善世尊不作是語世尊無數方便說婬欲是障

道法犯婬者障道法彼比丘尼諫此比丘尼時堅持不

捨彼比丘尼乃至三諫令捨是事乃至三諫時捨者善不

捨者波逸提

若比丘尼知如是語人未作法如是惡邪不捨若畜同

一羯磨同一止宿波逸提

若沙彌尼作如是言我知佛所說法行婬欲非障道法彼

BD01118 妙法蓮華經卷六

（後秦）鳩摩羅什 譯

754cm×25.5cm

若有懷妊者 未辯其男女 无根及
以聞香力故 知其初懷任 成就不成就 安樂產福子
以聞香力故 知男女所念 染欲癡恚心 亦知脩善者
地中衆伏藏 金銀諸珎寶 銅器之所盛 聞香悉能知
種種諸瓔珞 无能識其價 聞香知貴賤 出處及所在
天上諸華等 曼陁曼殊沙 波利質多樹 聞香悉能知
天上諸宮殿 上中下差別 衆寶華莊嚴 聞香悉能知
天園林勝殿 諸觀妙法堂 在中而娛樂 聞香悉能知
諸天若聽法 或受五欲時 來往行坐臥 聞香悉能知
天女所著衣 好華香莊嚴 周旋遊戲時 聞香悉能知
如是展轉上 乃至於梵世 入禪出禪者 聞香悉能知
光音遍淨天 乃至于有頂 初生及退沒 聞香悉能知
諸比丘衆等 於法常精進 若坐若經行 及讀誦經法
或在林樹下 專精而坐禪 持經者聞香 悉知其所在

在在方世尊　一切所恭敬　愍衆而說法　聞香悉能知
衆生在佛前　聞經皆歡喜　如法而脩行　聞香悉能知
雖未得菩薩　无漏法生鼻　而是持經者　先得此鼻相
復次常精進若善男子善女人受持是經若
讀若誦若解說若書寫得千二百舌功德若
好若醜若美不美及諸苦澀物在其舌根皆
變成上味如天甘露无不美者若以舌根於
大衆中有所演說出深妙聲能入其心皆令
歡喜快樂又諸天子天女釋梵諸天聞是深
妙音聲有所演說言論次第皆悉來聽及諸
龍龍女夜叉夜叉女乾闥婆乾闥婆女阿脩
羅阿脩羅女迦樓羅迦樓羅女緊那羅緊那
羅女摩睺羅伽摩睺羅伽女為聽法故皆来
親近恭敬供養及比丘比丘尼優婆塞優婆

親近恭敬供養及比丘比丘尼優婆塞優婆
夷國王王子羣臣眷屬小轉輪王大轉輪王
七寶千子內外眷屬乘其宮殿俱來聽法以
是菩薩善說法故婆羅門居士國內人民盡
其形壽隨侍供養又諸聲聞辟支佛菩薩諸
佛常樂見之是人所在方面諸佛皆向其處
說法悉能受持一切佛法又能出於深妙法
音尒時世尊欲重宣此義而說偈言

是人舌根淨　終不受惡味　其有所食噉　悉皆成甘露
以深淨妙音　於大眾說法　以諸因緣喻　引導眾生心
聞者皆歡喜　設諸上供養　諸天龍夜叉　及阿脩羅等
皆以恭敬心　而共來聽法　是說法之人　若欲以妙音
遍滿三千界　隨意即能至　大小轉輪王　及千子眷屬

如是諸天衆　常来至其所　諸佛及弟子　聞其說法音
常念而守護　或時為現身
復次常精進若善男子善女人受持是經若
讀若誦若解說若書寫得八百身功德得清
淨身如淨瑠璃衆生憙見其身淨故三千大
千世界衆生生時死時上下好醜生善處惡
處悉於中現及鐵圍山大鐵圍山弥樓山摩
訶弥樓山等諸山及其中衆生悉於中現下
至阿鼻地獄上至有頂所有及衆生悉於中
現若聲聞辟支佛菩薩諸佛說法皆於身中
現其色像尒時世尊欲重宣此義而說偈言
若持法華者　其身甚清淨　如彼淨瑠璃　衆生皆憙見
又如淨明鏡　悉見諸色像　菩薩於淨身　皆見世所有
唯獨自明了　餘人所不見　三千世界中　一切諸羣萌

又如淨明鏡　悉見諸色像　菩薩於淨身　皆見世所有
唯獨自明了　餘人所不見　三千世界中　一切諸群萌
天人阿脩羅　地獄鬼畜生　如是諸色像　皆於身中現
諸天等宮殿　乃至於有頂　鐵圍及弥樓　摩訶弥樓山
諸大海水等　皆於身中現　諸佛及聲聞　佛子菩薩等
若獨若在衆　說法悉皆現　雖未得无漏　法性之妙身
以清淨常體　一切於中現

復次常精進若善男子善女人如來滅後受
持是經若讀若誦若解說若書寫得千二百
意功德以是清淨意根乃至聞一偈一句通
達无量无邊之義解是義已能演說一句一
偈至於一月四月乃至一歲諸所說法隨其
義趣皆與實相不相違背若說俗間經書治

[illegible]
悉知之雖未得无漏智慧而其意根清淨如
此是人有所思惟籌量言說皆是佛法无不
真實亦是先佛經中所說尒時世尊欲重宣
此義而說偈言
是人意清淨　明利无穢濁　以此妙意根　知上中下法
乃至聞一偈　通達无量義　次第如法說　月四月至歲
是世界內外　一切諸衆生　若天龍及人　夜叉鬼神等
其在六趣中　所念若干種　持法華之報　一時皆悉知
十方无數佛　百福莊嚴相　為衆生說法　悉聞能受持
思惟无量義　說法亦无量　終始不忘錯　以持法華故
悉知諸法相　隨義識次第　達名字語言　如所知演說
此人有所說　皆是先佛法　以演此法故　於衆无所畏
持法華經者　意根淨若斯　雖未得无漏　先有如是相
是人持此經　安住希有地　為一切衆生　歡喜而受敬

是人持此經　安住希有地　為一切衆生　歡喜而受敬
能以千万種　善巧之語言　分別而說法　持法華經故

妙法蓮華經常不輕菩薩品第二十

尒時佛告得大勢菩薩摩訶薩汝今當知若
比丘比丘尼優婆塞優婆夷持法華經者若
有惡口罵詈誹謗獲大罪報如前所說其所
得功德如向所說眼耳鼻舌身意清淨得大
勢乃往古昔過无量无邊不可思議阿僧祇
劫有佛名威音王如來應供正遍知明行足
善逝世間解无上士調御丈夫天人師佛世
尊劫名離衰國名大成其威音王佛於彼世
中為天人阿脩羅說法為求聲聞者說應四
諦法度生老病死究竟涅槃為求辟支佛者
說應十二因緣法為諸菩薩因阿耨多羅三

藐三菩提說應六波羅蜜法究竟佛慧得大
勢是威音王佛壽四十万億那由他恒河沙
劫正法住世劫數如一閻浮提微塵像法住
世劫數如四天下微塵其佛饒益衆生已然
後滅度正法像法滅盡之後於此國土復有
佛出亦号威音王如來應供正遍知明行足
善逝世間解无上士調御丈夫天人師佛世
尊如是次第有二万億佛皆同一号㝡初威
音王如來既已滅度正法滅後於像法中增
上慢比丘有大勢力尒時有一菩薩比丘名
常不輕得大勢以何因緣名常不輕是比丘
凡有所見若比丘比丘尼優婆塞優婆夷皆
悉礼拜讚嘆而作是言我深敬汝等不敢輕
慢所以者何汝等皆行菩薩道當得作佛而
是比丘不專讀誦經典但行礼拜乃至遠見

慢所以者何汝等皆行菩薩道當得作佛而
是比丘不專讀誦經典但行礼拜乃至遠見
四衆亦復故往礼拜讚嘆而作是言我不敢
輕於汝等汝等皆當作佛故四衆之中有生
瞋恚心不淨者惡口罵詈言是无智比丘從
何所來自言我不輕汝而與我等受記當得
作佛我等不用如是虛妄受記如此經歷多
年常被罵詈不生瞋恚常作是言汝當作佛
說是語時衆人或以杖木瓦石而打擲之避
走遠住猶高聲唱言我不敢輕於汝等汝等
皆當作佛以其常作是語故增上慢比丘比
丘尼優婆塞優婆夷号之為常不輕是比丘
臨欲終時於虛空中具聞威音王佛先所說
法華經二十千万億偈悉能受持即得如上

淨已更增壽命二百万億那由他歲廣為人
說是法華經於時增上慢四衆比丘比丘尼
優婆塞優婆夷輕賤是人為作不輕名者見
其得大神通力樂說辯力大善寂力聞其所
說皆信伏隨從是菩薩復化千万億衆令住
阿耨多羅三藐三菩提命終之後得值二千
億佛皆号日月燈明於其法中說是法華經
以是因緣復值二千億佛同号雲自在燈王
於此諸佛法中受持讀誦為諸四衆說此經
典故得是常眼清淨耳鼻舌身意諸根清淨
於四衆中說法心无所畏得大勢是常不輕
菩薩摩訶薩供養如是若干諸佛恭敬尊重
讚嘆種諸善根於後復值千万億佛亦於諸
佛法中說是經典功德成就當得作佛得大

讚歎種諸善根於後復值千萬億佛亦於諸
佛法中說是經典功德成就當得作佛得大
勢於意云何尒時常不輕菩薩豈異人乎則
我身是若我於宿世不受持讀誦此經為他
人說者不能疾得阿耨多羅三藐三菩提我
於先佛所受持讀誦此經為人說故疾得阿
耨多羅三藐三菩提得大勢彼時四衆比丘
比丘尼優婆塞優婆夷以瞋恚意輕賤我故
二百億劫常不值佛不聞法不見僧千劫於
阿鼻地獄受大苦惱畢是罪已復遇常不輕
菩薩教化阿耨多羅三藐三菩提得大勢於
汝意云何尒時四衆常輕是菩薩者豈異人
乎今此會中跋陁婆羅等五百菩薩師子月
等五百比丘尼思佛等五百優婆塞皆於阿
耨多羅三藐三

知是法華經大饒益諸菩薩摩訶薩能令至
於阿耨多羅三藐三菩提是故諸菩薩摩訶
薩於如來滅後常應受持讀誦解說書寫是
經尒時世尊欲重宣此義而說偈言
過去有佛　号威音王　神智无量　將導一切
天人龍神　所共供養　是佛滅後　法欲盡時
有一菩薩　名常不輕　時諸四衆　計著於法
不輕菩薩　往到其所　而語之言　我不輕汝
汝等行道　皆當作佛　諸人聞已　輕毀罵詈
不輕菩薩　能忍受之　其罪畢已　臨命終時
得聞此經　六根清淨　神通力故　增益壽命
復為諸人　廣說是經　諸著法衆　皆蒙菩薩
教化成就　令住佛道　不輕命終　值无數佛
說是經故　得无量福　漸具功德　疾成佛道
彼時不輕　則我身是　時四部衆　著法之者

彼時不輕 則我身是 時四部衆 著法之者
聞不輕言 汝當作佛 以是因緣 值无數佛
此會菩薩 五百之衆 并及四部 清信士女
今於我前 聽法者是 我於前世 勸是諸人
聽受斯經 第一之法 開示教人 令住涅槃
世世受持 如是經典 億億万劫 至不可議
時乃得聞 是法華經 億億万劫 至不可議
諸佛世尊 時說是經 是故行者 於佛滅後
聞如是經 勿生疑惑 應當一心 廣說此經
世世值佛 疾成佛道

妙法蓮華經如來神力品第二十一

尒時千世界微塵等菩薩摩訶薩從地踊出
者皆於佛前一心合掌瞻仰尊顏而白佛言
世尊我等於佛滅後世尊分身所在國土滅

得是真淨大法受持讀誦解說書寫而供養
之尒時世尊於文殊師利等无量百千万億
舊住娑婆世界菩薩摩訶薩及諸比丘比丘
尼優婆塞優婆夷天龍夜叉乾闥婆阿脩羅
迦樓羅緊那羅摩睺羅伽人非人等一切衆
前現大神力出廣長舌上至梵世一切毛孔
放於无量无數色光皆悉遍照十方世界衆
寶樹下師子座上諸佛亦復如是出廣長舌
放无量光釋迦牟尼佛及寶樹下諸佛現神
力時滿百千歲然後還攝舌相一時謦欬俱
共彈指是二音聲遍至十方諸佛世界地皆
六種震動其中衆生天龍夜叉乾闥婆阿脩
羅迦樓羅緊那羅摩睺羅伽人非人等以佛
神力故皆見此娑婆世界无量无邊百千万

BD01118　妙法蓮華經卷六

神力故皆見此娑婆世界无量无邊百千万
億衆寶樹下師子座上諸佛及見釋迦牟尼
佛共多寶如來在寶塔中坐師子座又見无
量无邊百千万億菩薩摩訶薩及諸四衆恭
敬圍繞釋迦牟尼佛既見是已皆大歡喜得
未曾有即時諸天於虛空中高聲唱言過此
无量无邊百千万億阿僧祇世界有國名娑
婆是中有佛名釋迦牟尼今為諸菩薩摩訶
薩説大乘經名妙法蓮華教菩薩法佛所護
念汝等當深心隨喜亦當礼拜供養釋迦牟
尼佛彼諸衆生聞虛空中聲已合掌向娑婆
世界作如是言南无釋迦牟尼佛南无釋迦
牟尼佛以種種華香瓔珞幡蓋及諸嚴身之

佛之上于時十方世界通達无㝵如一佛土
尒時佛告上行等菩薩大衆諸佛神力如是
无量无邊不可思議若我以是神力於无量
无邊百千万億阿僧祇劫為囑累故說此經
功德猶不能盡以要言之如来一切所有之
法如来一切自在神力如来一切秘要之藏
如来一切甚深之事皆於此經宣示顯說是
故汝等於如来滅後應當一心受持讀誦解說
書寫如說脩行所在國土若有受持讀誦解
說書寫如說脩行若經卷所住之處若於園
中若於林中若於樹下若於僧坊若白衣舍
若在殿堂若山谷曠野是中皆應起塔供養
所以者何當知是處即是道場諸佛於此得
阿耨多羅三藐三菩提諸佛於此轉于法輪

BD01118　妙法蓮華經卷六

所以者何當知是處即是道場諸佛於此得
阿耨多羅三藐三菩提諸佛於此轉于法輪
諸佛於此而般涅槃尒時世尊欲重宣此義
而說偈言
諸佛救世者　住於大神通　為悅衆生故　現无量神力
舌相至梵天　身放无數光　為求佛道者　現此希有事
諸佛謦欬聲　及彈指之聲　周聞十方國　地皆六種動
以佛滅度後　能持是經故　諸佛皆歡喜　現无量神力
囑累是經故　讚美受持者　於无量劫中　猶故不能盡
是人之功德　无邊无有窮　如十方虛空　不可得邊際
能持是經者　則為已見我　亦見多寶佛　及諸分身者
又見我今日　教化諸菩薩　能持是經者　令我及分身
滅度多寶佛　一切皆歡喜　十方現在佛　并過去未來
亦見亦供養　亦令得歡喜　諸佛坐道場　所得秘要法
能持是經者　不久亦當得　能持是經者　於諸法之義

於如來滅後　知佛所說經　因緣及次第　隨義如實說
如日月光明　能除諸幽冥　斯人行世間　能滅衆生闇
教无量菩薩　畢竟住一乘　是故有智者　聞此功德利
於我滅度後　應受持斯經　是人於佛道　決定无有疑

妙法蓮華經囑累品第二十二

尒時釋迦牟尼佛從法座起現大神力以右
手摩无量菩薩摩訶薩頂而作是言我於无
量百千万億阿僧祇劫修習是難得阿耨多
羅三藐三菩提法今以付囑汝等汝等應當
一心流布此法廣令增益如是三摩諸菩薩
摩訶薩頂而作是言我於无量百千万億阿
僧祇劫修習是難得阿耨多羅三藐三菩提
法今以付囑汝等汝當受持讀誦廣宣此
法令一切衆生普得聞知所以者何如來有

BD01118　妙法蓮華經卷六

法令一切衆生普得聞知所以者何如来有
大慈悲无諸慳悋亦无所畏能與衆生佛之
智慧如来智慧自然智慧如来是一切衆生
之大施主汝等亦應隨學如来之法勿生慳
悋於未来世若有善男子善女人信如来智
慧者當為演說此法華經使得聞知為令其
人得佛慧故若有衆生不信受者當於如来
餘深法中示教利喜汝等若能如是則為已
報諸佛之恩時諸菩薩摩訶薩聞佛作是說
已皆大歡喜遍滿其身益加恭敬曲躬低頭
合掌向佛俱發聲言如世尊勑當具奉行唯
然世尊願不有慮諸菩薩摩訶薩衆如是三
反俱發聲言如世尊勑當具奉行唯然世尊

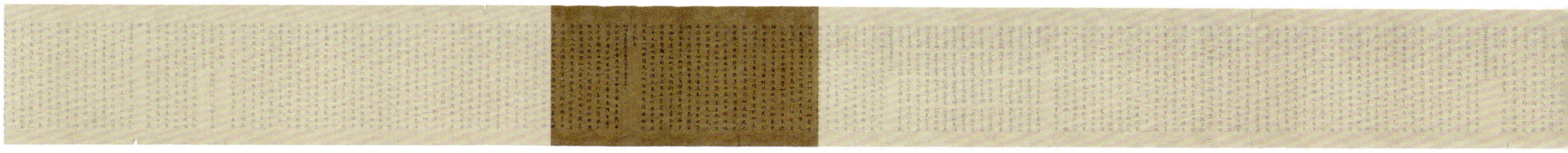

寶佛塔還可如故說是語時十方无量分身
諸佛坐寶樹下師子座上者及多寶佛并上
行等无邊阿僧祇菩薩大衆舍利弗等聲聞
四衆及一切世間天人阿脩羅等聞佛所說
皆大歡喜

妙法蓮華經藥王菩薩本事品第二十三

尒時宿王華菩薩白佛言世尊藥王菩薩云
何遊於娑婆世界世尊是藥王菩薩有若干
百千万億那由他難行苦行善哉世尊願少
解說諸天龍神夜叉乾闥婆阿脩羅迦樓羅
緊那羅摩睺羅伽人非人等又他國土諸來
菩薩及此聲聞衆聞皆歡喜尒時佛告宿王
華菩薩乃往過去无量恒河沙劫有佛号曰
月淨明德如來應供正遍知明行足善逝世

BD01118　妙法蓮華經卷六

華菩薩乃往過去无量恒河沙劫有佛号日
月淨明德如來應供正遍知明行足善逝世
間解无上士調御丈夫天人師佛世尊其佛
有八十億大菩薩摩訶薩七十二恒河沙大
聲聞衆佛壽四万二千劫菩薩壽命亦等彼
國无有女人地獄餓鬼畜生阿脩羅等及以
諸難地平如掌瑠璃所成寶樹莊嚴寶帳覆
上垂寶華幡寶瓶香爐周遍國界七寶為臺
一樹一臺其樹去臺盡一箭道此諸寶樹皆
有菩薩聲聞而坐其下諸寶臺上各有百億
諸天作天伎樂歌嘆於佛以為供養尒時彼
佛為一切衆生憙見菩薩及衆菩薩諸聲聞
衆說法華經是一切衆生憙見菩薩樂習苦
行於日月淨明德佛法中精進經行一心求
佛滿万二千歲已得現一切色身三昧得此

身三昧皆是得聞法華經力我今當供養日
月淨明德佛及法華經即時入是三昧於虛
空中雨曼陁羅華摩訶曼陁羅華細末堅黑
旃檀滿虛空中如雲而下又雨海此岸旃檀
之香此香六銖價直娑婆世界以供養佛作
是供養已從三昧起而自念言我雖以神力
供養於佛不如以身供養即服諸香旃檀薰
陸兜樓婆畢力迦沉水膠香又飲瞻蔔諸華
香油滿千二百歲已香油塗身於日月淨明
德佛前以天寶衣而自纏身灌諸香油以神
通力願而自然身光明遍照八十億恒河沙
世界其中諸佛同時讚言善哉善哉善男子
是真精進是名真法供養如來若以華香瓔
珞燒香末香塗香天繒幡蓋及海此岸旃檀

BD01118　妙法蓮華經卷六

珞燒香末香塗香天繒幡蓋及海此岸栴檀之香如是等種種諸物供養所不能及假使國城妻子布施亦所不及善男子是名第一之施於諸施中最尊最上以法供養諸如來故作是語已而各嘿然其身火然千二百歲過是已後其身乃盡一切衆生憙見菩薩作如是法供養已命終之後復生日月淨明德佛國中於淨德王家結跏趺坐忽然化生即為其父而說偈言

大王今當知　我經行彼處　即時得一切　現諸身三昧
勤行大精進　捨所愛之身

說是偈已而白父言日月淨明德佛今故現在我先供養佛已得解一切衆生語言陁羅

羅頻婆羅阿閦婆等偈大王我今當還供養
此佛白已即坐七寶之臺上升虛空高七多
羅樹往到佛所頭面礼足合十指爪以偈讚
佛
容顏甚奇妙　光明照十方　我適曾供養　今復還親近
尒時一切衆生憙見菩薩說是偈已而白佛
言世尊世尊猶故在世尒時日月淨明德佛
告一切衆生憙見菩薩善男子我涅槃時到
滅盡時至汝可安施床座我於今夜當般涅
槃又勑一切衆生憙見菩薩善男子我以佛
法囑累於汝及諸菩薩大弟子并阿耨多羅
三藐三菩提法亦以三千大千七寶世界諸
寶樹寶臺及給侍諸天悉付於汝我滅度後
所有舍利亦付囑汝當令流布廣設供養應
起若干千塔如是日月淨明德佛勑一切衆

所有舍利亦付囑汝當令流布廣設供養應
起若干千塔如是日月淨明德佛勑一切衆
生憙見菩薩已於夜後分入於涅槃尒時一
切衆生憙見菩薩見佛滅度悲感懊惱戀慕
於佛即以海此岸栴檀為積供養佛身而以
燒之火滅已後收取舍利作八万四千寶瓶
以起八万四千塔高三世界表刹莊嚴垂諸幡
蓋懸衆寶鈴尒時一切衆生憙見菩薩復
自念言我雖作是供養心猶未足我今當更
供養舍利便語諸菩薩大弟子及天龍夜叉
等一切大衆汝等當一心念我今供養日月
淨明德佛舍利作是語已即於八万四千塔
前然百福莊嚴臂七万二千歲而以供養令
无數求聲聞衆无量阿僧祇人發阿耨多羅
三藐三菩提心皆使得住現一切色身三昧

尒時諸菩薩天人阿修羅等見其无臂憂惱
悲哀而作是言此一切衆生憙見菩薩是我
等師教化我者而今燒臂身不具足于時一
切衆生憙見菩薩於大衆中立此誓言我捨
兩臂必當得佛金色之身若實不虛令我兩
臂還復如故作是誓已自然還復由斯菩薩
福德智慧淳厚所致當尒之時三千大千世
界六種震動天雨寶華一切天人得未曾有
佛告宿王華菩薩於汝意云何一切衆生憙
見菩薩豈異人乎今藥王菩薩是也其所捨
身布施如是无量百千万億那由他數宿王
華若有發心欲得阿耨多羅三藐三菩提者
能然手指乃至足一指供養佛塔勝以國城
妻子及三千大千國土山林河池諸珍寶物
而供養者若復有人以七寶滿三千大千世

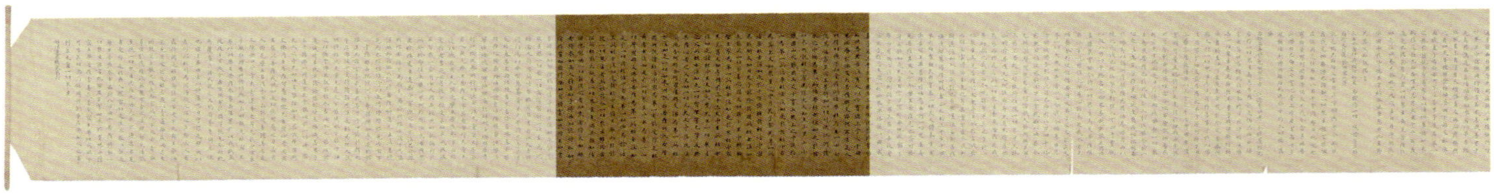

妻子及三千大千國土山林河池諸珍寶物
而供養者若復有人以七寶滿三千大千世
界供養於佛及大菩薩辟支佛阿羅漢是人
所得功德不如受持此法華經乃至一四句
偈其福最多宿王華譬如一切川流江河諸
水之中海為第一此法華經亦復如是於諸
如來所說經中最為深大又如土山黑山小
鐵圍山大鐵圍山及十寶山衆山之中須彌
山為第一此法華經亦復如是於諸經中最
為其上又如衆星之中月天子最為第一此
法華經亦復如是於千萬億種諸經法中最
為照明又如日天子能除諸闇此經亦復如
是能破一切不善之闇又如諸小王中轉輪
聖王最為第一此經亦復如是於衆經中最
為其尊又如帝釋於三十三天中王

復如是諸經中王又如大梵天王一切衆生
之父此經亦復如是一切賢聖學无學及發
菩薩心者之父又如一切凡夫人中須陁洹
斯陁含阿那含阿羅漢辟支佛為第一此經
亦復如是一切如来所說若菩薩所說若聲
聞所說諸經法中㝡為第一有能受持是經
典者亦復如是於一切衆生中亦為第一一
切聲聞辟支佛中菩薩為第一此經亦復如
是於一切諸經法中㝡為第一如佛為諸法
王此經亦復如是諸經中王宿王華此經能
救一切衆生者此經能令一切衆生離諸苦
惱此經能大饒益一切衆生充滿其願如清
涼池能滿一切諸渴之者如寒者得火如裸
者得衣如商人得主如子得母如渡得船如
病得醫如暗得燈如貧得寶如民得王如賈

者得衣如商人得主如子得母如渡得船如
病得醫如暗得燈如貧得寶如民得王如賈
客得海如炬除暗此法華經亦復如是能令
衆生離一切苦一切病痛能解一切生死之
縛若人得聞此法華經若自書若使人書所
得功德以佛智慧籌量多少不得其邊若書
是經卷華香瓔珞燒香末香塗香幡蓋衣服
種種之燈蘇燈油燈諸香油燈瞻蔔油燈須
曼油燈波羅羅油燈婆利師迦油燈那婆摩
利油燈供養所得功德亦復无量宿王華若
有人聞是藥王菩薩本事品者亦得无量无
邊功德若有女人聞是藥王菩薩本事品能
受持者盡是女身後不復受若如來滅後後
五百歲中若有女人聞是經典如說修行於
此命終即往安樂世界阿彌陀佛大菩薩衆

所惱亦復不為瞋恚愚癡所惱亦復不為憍
慢嫉妬諸垢所惱得菩薩神通无生法忍得
是忍已眼根清淨以是清淨眼根見七百万
二千億那由他恒河沙等諸佛如來是時諸
佛遥共讚言善哉善哉善男子汝能於釋迦
牟尼佛法中受持讀誦思惟是經為他人說
所得福德无量无邊火不能燒水不能漂汝
之功德千佛共說不能令盡汝今已能破諸
魔賊壞生死軍諸餘怨敵皆悉摧滅善男子
百千諸佛以神通力共守護汝於一切世間
天人之中无如汝者唯除如來其諸聲聞辟
支佛乃至菩薩智慧禪定无有與汝等者宿
王華此菩薩成就如是功德智慧之力若有
人聞是藥王菩薩本事品能隨喜讚善者是

人聞是藥王菩薩本事品能隨喜讚善者是
人現世口中常出青蓮華香身毛孔中常出
牛頭栴檀香所得功德如上所說是故宿王
華以此藥王菩薩本事品囑累於汝我滅度
後後五百歲中廣宣流布於閻浮提无令斷絶
惡魔魔民諸天龍夜叉鳩槃荼等得其便
也宿王華汝當以神通之力守護是經所以
者何此經則為閻浮提人病之良藥若人有
病得聞是經病即消滅不老不死宿王華汝
若見有受持是經者應以青蓮華盛滿末香
供散其上散已作是念言此人不久必當取
草坐於道場破諸魔軍當吹大法螺擊大法鼓
度脫一切衆生老病死海是故求佛道者見

切衆生語言陁羅尼多寶如來於寶塔中讚
宿王華菩薩言善哉善哉宿王華汝成就不
可思議功德乃能問釋迦牟尼佛如此之事
利益无量一切衆生

妙法蓮華經卷第六

BD01119

梵網經盧舍那佛説菩薩心地戒品第十卷下

（後秦）鳩摩羅什 譯

61.8cm × 24.7cm

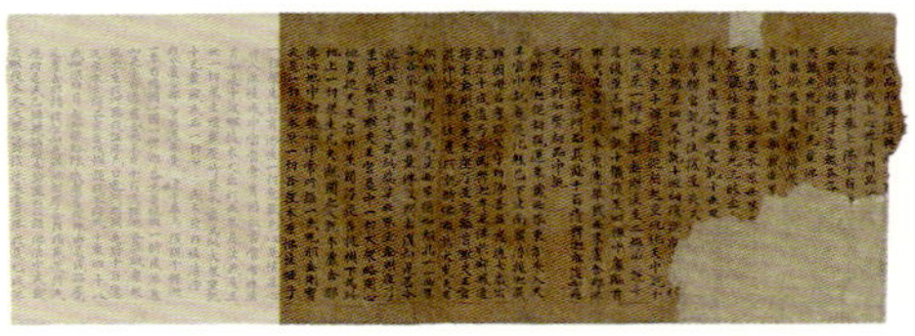

法門品而去復轉爲千百
次苐說我上心地法門品汝
而行尒時千華上佛千百億
世界赫赫師子座起各各
思議光光皆化无量佛
白華供養盧舍那佛受
竟各各從此蓮華藏世界
虛空華光三昧還本原世界閻
下從體性虛空華光三昧出
千光王座及妙光堂說十世界
至帝釋宮說十住復至炎天
從座起至四天中說十迴向復從座 化
樂天說十禪定復從座起至他化天中說十
地復至一禪中說十金剛復至二禪中說十
忍復至三禪中說十願復至四禪中摩醯首
羅天王宮說我本原蓮華臺藏世界[illegible]

所說心地法門品其餘千百億釋迦亦復如是
无二无別如賢劫品中說
尒時釋迦從初現蓮華藏世界東方來入天
王宮中說魔受化經已下生南閻浮提迦夷
羅國母名摩耶父字白淨吾名悉達七歲出
家三十成道号吾為釋迦牟尼佛於寂滅道
場坐金剛華光王座乃至摩醯首羅天王宮
其中次第十住處所說時佛觀諸大梵天王
網羅幢因為說无量世界猶如網孔一一世界
各各不同別異無量佛文門亦復如是吾今
從此世界八千返為此娑婆世界坐金剛座乃
至摩醯首羅天王宮是中一切大衆略開心
地竟從天王宮下至閻浮提菩提樹下為此
地上一切衆生凡夫癡闇之人說本盧舍那
佛心地中初發心中常所誦一戒光明金剛寶
戒是一切佛本原一切菩薩本原佛性種子

戒是一切佛本原一切菩薩本原佛性種子
一切衆生皆有佛性一切意識色心是情是心
皆入佛性戒中當當常有因故當當常住法
身如是十波羅提木叉出於世界是法戒是三
世一切衆生頂戴受持吾今當爲此大衆重説
十无盡藏戒品一切衆[illegible]戒本原自性清淨
我今盧舍那方坐蓮華臺周匝千華上復現千釋迦
一華百億國一國一釋迦各坐菩提樹一時成佛道
如是千百億盧舍那本身千百億釋迦各接微塵衆
俱來至我所聽我誦佛戒甘露門則開是時千百億
還至本道場各坐菩提樹誦我本師戒十重四十八
戒如明日月亦如瓔珞珠微塵菩薩衆由是成正覺
是盧舍那誦我亦如是誦汝新學菩薩頂戴受持戒
受持是戒已轉授諸衆生諦聽我正誦佛法中戒藏
波羅提木叉大衆心諦信汝是當成佛我是已成佛

BD01120 四分比丘尼戒本

（後秦）佛陀耶舍 譯

（唐）懷素 集

77.5cm × 27cm

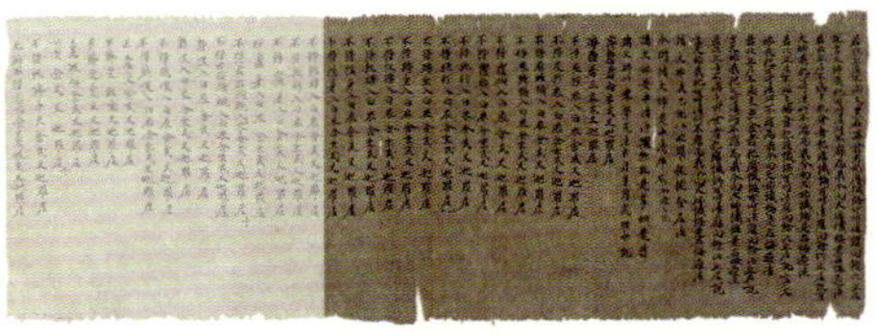

若比丘尼不病乞黑石蜜食者犯應懺悔可呵法應向餘比丘尼
說言大姊我犯可呵法所不應為我今向大姊懺悔是名悔過法
若比丘尼不病乞乳食者犯應懺悔可呵法應向餘比丘尼說言
大姊我犯可呵法所不應為我今向大姊懺悔是名悔過法
若比丘尼不病乞酪食犯應懺悔可呵法應向餘比丘尼說言大
姊我犯可呵法所不應為我今向大姊懺悔是名悔過法
若比丘尼不病乞魚食者犯應懺悔可呵法應向餘比丘尼說
言大姊我犯可呵法所不應為我今向大姊懺悔是名悔過法
若比丘尼不病乞肉食者犯應懺悔可呵法應向餘比丘尼說
言大姊我犯可呵法所不應為我今向大姊懺悔是名悔過法
諸大姊我已說八波羅提提舍尼法
今問諸大姊是中清淨不 如是三說
諸大姊是中清淨默然故是事如是持
諸大姊此衆學法半月半月戒經中說
齊整著內衣……

不得反抄衣入白衣舍式叉迦羅尼
不得反抄衣入白衣舍坐式叉迦羅尼
不得衣纏頸入白衣舍式叉迦羅尼
不得衣纏頸入白衣舍坐式叉迦羅尼
不得覆頭入白衣舍式叉迦羅尼
不得覆頭入白衣舍坐式叉迦羅尼
不得跳行入白衣舍式叉迦羅尼
不得跳行入白衣舍坐式叉迦羅尼 十一
不得蹲坐入白衣舍式叉迦羅尼
不得蹲坐入白衣舍坐式叉迦羅尼
不得扠腰入白衣舍坐式叉迦羅尼
不得扠腰入白衣舍坐式叉迦羅尼
不得搖身入白衣舍式叉迦羅尼
不得搖身入白衣舍坐式叉迦羅尼

不得搖身入白衣舍坐式叉迦羅尼
不得排辟入白衣舍式叉迦羅尼
不得排辟入白衣舍坐式叉迦羅尼
不得覆身入白衣舍式叉迦羅尼
好覆身入白衣舍坐式叉迦羅尼
不得左右顧視入白衣舍式叉迦羅尼十
不得左右顧視入白衣舍坐式叉迦羅尼
靜嘿入白衣舍式叉迦羅尼
靜嘿入白衣舍坐式叉迦羅尼
不得戲咲入白衣舍式叉迦羅尼
不得戲咲入白衣舍坐式叉迦羅尼
正意受食式叉迦羅尼
平鉢受飯式叉迦羅尼
平鉢受羹式叉迦羅尼

以次食式叉迦羅尼

不得挑鉢中央食式叉迦羅尼

无病不得爲己索羹飯式叉迦羅尼

BD01121 十地經論卷九

天親 造

（北魏）菩提流支 譯

739cm × 26.5cm

十地論遠行地第七卷之九
論曰第七地中有五種相差別一樂无作
對治差別二彼鄣對治差別三雙行差別
前上地勝差別五彼果差別云何樂无作行
對治
經曰尒時金剛藏菩薩言諸佛子若菩薩善
具足六地行已欲入第七菩薩地者是菩薩
當以十種方便智發起殊勝行入何等為十
所謂善脩空无相无願而集大功德助道入
諸法无我无壽命无衆生而不捨起四无量
起功德法作增上波羅蜜行而无法可得
遠離三界而能應化起莊嚴三界行畢竟寂
滅諸煩惱炎而能為一切衆生起滅貪瞋癡
[illegible]

自性不二而起作業无量差別心善知一切
國土道如虛空而起莊嚴淨佛國土行知諸
佛法身自性无身而起色身相好莊嚴行知諸
佛音聲无聲本來寂滅可不說相而隨一
切衆生起種〻差別莊嚴音聲行入諸佛於
一念頃通達三世事而能分別種〻相劫數
脩行隨一切衆生心差別觀故諸佛子是菩
薩如是十種方便智發起殊勝行具足六地
行已得入第七菩薩地諸佛子是菩薩此十
種方便智發起殊勝行現前行名入第七菩
薩地
論曰樂无作行對治者方便智發起十種殊
勝行如經諸佛子若菩薩善具足六地行已
欲
入第七菩薩地者是菩薩當以十種方便智

欲
入第七菩薩地者是菩薩當以十種方便智
發起殊勝行入彼菩薩无鄣㝵智現前般若
波羅蜜行現前時即於无作行中生樂心非
起增上行彼樂對治此十種治法差別亦現方便
智者不捨衆生法无我智對治攝受增上
下
行發起殊勝行於出世間
行發起殊勝行此勝行於出世間及世間增
上行更無勝者有四種功德故一財及身勝
因事隨所須隨意受得財及身勝因功德集
故如經所謂善脩空无相无願而集大功德
助道故二護惡行因事如是得勝无量脩行
於一切衆生中不起妄行故如經入諸法无
我无壽命无衆生而不捨起四无量故三護善
根因事得彼勝因增上故功德法增上行以

種門一願力示生作上首教化餘衆生故上
首者衆生隨逐故如經得遠離三果而能應
化起莊嚴三果行故二說對治故為滅煩惱
染及隨煩惱使常自寂滅故如經畢竟寂滅
諸煩惱炎而能為一切衆生起滅貪瞋癡煩
惱炎行故三為滅諸鄣故鄣有四種如五地
中說如經隨順幻夢影響化水中月鏡中像
自性不二而起作業无量差別心故四於大
法衆會集故如經善知一切國土道如虛空
而起莊嚴淨佛國土行故五見聞親近供養
循行生福德故如經知諸佛法身性自无身
而起色身相好莊嚴行故六轉法輪故如經
知諸佛音聲无聲本來寂滅不可訶說相而隨

知諸佛音聲无聲本來寂滅不可訶說相而隨
一切衆生起種種差別莊嚴音聲行故七所
問善釋故如經入諸佛於一念頃通達三世
事而勝分別種種相劫數修行隨一切衆生
心差別觀故此十種發起殊勝行共對攝取
對治攝取善修行空无相无願等入一切法
无我无壽命无衆生等如是次第應知此十
種法現前得住第七地如經諸佛子是菩薩
此十種方便智發起殊勝行現前行名入第
七菩薩地故如是樂无作行對治差別七地
已說次說彼第對治有二種相一修行无量
種二修行无功用行
經曰是菩薩住第七菩薩地中入无量衆生
界入諸佛无量教化衆生業入无量世界因

无量諸佛智得无上道入无量劫數入无量
諸佛通達三世事入无量眾生信樂勝事差
別入无量諸佛名色身種々示現入无量眾
生心行根信種々差別入无量諸佛音聲語
言令眾生歡喜入无量眾生心心所行種々
差別入无量諸佛隨智慧行入乘无量聲聞
乘信解入諸佛无量說道令眾生信解入无
量辟支佛乘集成入諸佛无量淨智慧門入
所說入諸菩薩无量所行道入諸佛无量所
說大乘集成事令菩薩得入
論曰脩行无量種者隨所作利益何等眾生
眾生住何處以何等智慧以何等心以何等
行疊何等乘以此差別有十種脩行是中隨
所作利益何等眾生者於无量眾生以无量

所作利益何等衆生者於无量衆生以无量
業教化故如經是菩薩住第七菩薩地中入
无量衆生界入諸佛无量教化衆生業故衆
生住何處者於无量世界中令依清淨佛國
土故如經入无量世界網入諸佛无量清淨
國土故以何等智慧者无量種種法界智慧
覺故如經入无量諸法差別入无量諸佛智
得无上道故无量劫數通達三世之入智慧
覺如經入无量劫數入无量諸佛通達三世
事故以何等心者有三種事一有衆生信種
種天身心隨同行隨彼信說故如經入无量
衆生信樂勝事差別入无量諸佛名色身種
種亦現故二知過去心習滯中利根如應

下

入无量諸佛音聲語言令衆生歡喜故三以
何等行者隨衆生心說對治故如經入无量
衆生心心所行種種差別入无量諸佛隨習
慧行故是何等乘者於三乘中是聲聞乘中
者如經入乘无量聲聞乘信解入諸佛无量
說道令衆生信解故是辟支佛乘中者如經
入无量辟支佛乘集成入諸佛无量修習慧
門入所說故是大乘中者如經入諸菩薩无
量所行道入諸佛无量所說大乘集成事令
菩薩得入故如是微細對治无量種差別病
行十種已說次說病行无功用行
經曰是菩薩作如是念諸佛世尊有
經曰是菩薩作如是念是諸佛世尊有无量
无邊境界是境界不可以若干百億劫千億

无邊境界是境界不可以若于百億劫千億
劫百千億劫乃至復過此數无量百千万億
那由他劫不可笇數如是諸佛境界我皆應
集自然不以分別得成以不分別不取相故
成是菩薩如是善觀智通日夜常脩方便智
懃發起殊勝行善住堅固以不動法故
論曰是中自然者自性勝无分別故如經自
然不以分別得成以不分別不取相故成此
句示現是菩薩如是善觀智通日夜常脩方
便智懃發起殊勝行善住堅固以不動法故
看彼鄣對治故如是彼鄣對治差別此地已
說次說雙行分有四種相一二行雙无間二
信勝三勝作大義四菩提分差別
經曰是菩薩起於道時一念心不捨是菩薩

陰蓋住諸威儀常離如是相念是菩薩於念
念中具足菩薩十波羅蜜何以故如是菩
薩起一切心於念念中以大悲為首修習一切
佛法皆迴向如來智故是菩薩求佛道時所
修善根捨與一切眾生是檀波羅蜜能滅一
切煩惱熱是尸波羅蜜慈悲為首能忍一切
眾生是羼提波羅蜜求轉勝善根心无厭足
是毗梨耶波羅蜜所修諸行心不馳散常向
一切智智是禪波羅蜜現忍諸法自性不生
是般若波羅蜜能起无量智門是方便波羅
蜜期上上勝智是願波羅蜜一切外道邪論
及諸魔眾不能沮壞菩薩道是力波羅蜜如
實觀知一切法相是智波羅蜜如是諸佛子

實觀知一切法相是智波羅蜜如是說偈言
是菩薩住此菩薩遠行地中念念具足十波
羅蜜亦具足四攝法亦具足四家卅七助菩
提分法三解脫門略說乃至一切菩提分法
於念念中皆悉具足
論曰是中一念中奢摩他毗婆舍那二行雙
現前故住諸威儀者一切行中彼觧行時无
間不斷不息行故如經是菩薩起於道時一
念心不捨乃至住諸威儀故遠離一切煩惱
盡故信勝者彼无量智中殊異義莊嚴相現
前專念故如經常不離如是相念故能作大
義者念念具足十波羅蜜大義故如如經是
菩薩於念念中具足菩薩十波羅蜜乃至智
波羅蜜故是中方便波羅蜜者起无量智
[illegible]

波羅蜜者起上上智以是智故起布施等上
上行生攝取勝故力波羅蜜者一切異論及
諸魔衆不能壞行以是行故遠離布施等鄣
故智波羅蜜者如實觀知一切法相以是智
故布施等一切種差別知為化衆生故菩薩
入差別者有四種相一依大乘行波羅蜜故
如經如是諸佛子是菩薩住此菩薩遠行地
中念念具足十波羅蜜故二依教化衆生行
四攝法故如經亦具足四攝法故三依煩惱
鄣增上淨故家菩提分解脫門者何處住以
何等門脩行得清淨如經亦具足四家卅七
助菩提分法三解脫門故家者般若家諦家
捨煩惱家苦清淨家故四依智鄣清淨如經
略說一切助菩提分法於念念中皆悉具足

略說一切助菩提分法於念念中皆悉具足
故如是雙行差別已說次說前上地勝差別
下地增上方便行滿足故七中地說
經曰爾時解脫月菩薩問金剛藏菩薩言佛
子菩薩但於第七菩薩地中具足一切助道
菩提分法為當一切菩薩諸地中亦皆具足金
剛藏菩薩言佛子菩薩於十菩薩地中悉具
足一切助菩提分法但第七地勝故得名何
以故佛子是菩薩此菩薩地中方便行具足
得入智慧神通行故佛子菩薩於初地中發
願觀一切佛法故具足助菩提分法第二地
中除心惡垢故具足助菩提分法第三地中
願轉增長得法明故具足助菩提分法第四

隨順行世間法故具足助菩提分法第六地
中入甚深法門故具足助菩提分法此第七
菩薩地中起一切佛法故具足一切助菩提
分法
論曰云何下地增上方便行滿足以滿足故
入大智通行如經金剛藏菩薩言佛子菩薩
於十菩薩地中悉具足一切菩提分法但第
七地勝故得名何以故佛子是菩薩此菩薩
地中方便行具足得入智慧神通行故是中
通者五神通智者如前說云何此地中方便
行滿足彼餘世間出世間行中更起殊勝行
是故此七地中起一切佛法故能具足助菩
提分法如經佛子菩薩於初地中發願觀一
切佛法故具足助菩提分法乃至此第七菩
薩地中起一切佛法故具足一切助菩提分

薩地中起一切佛法故具足一切助菩提分
法故如是前上地勝差別下地增上方便行
滿足已說云何上地增上脩行智慧方便善
提分功用行滿足故
經曰何以故佛子菩薩從初地來乃至七地
得諸智慧所行道以是力故從第八菩薩地
乃至第十地无功用行自然滿足佛子譬如
二世界一染淨世界二純淨世界是二中間
難可得過欲過此界當以大神通力佛子菩
薩如是行於染淨菩薩道難可得過當以大
願力大方便智力大神通力故乃可得過解
脫月菩薩言佛子七菩薩地為是染行為是
淨行金剛藏菩薩言佛子從初地來菩薩所

藐三菩提故隨道所行如所作善故不名為
過七地煩惱行佛子譬如轉輪聖王乘上寶
象遊四天下知有貧窮困苦染過之人而不
為彼過所染然王未為人身若捨人身生於
梵世住梵天宮見行千世界亦梵王光明威
力尒時不名為人佛子菩薩亦如是從初地
來乘諸波羅蜜乘行一切世間之知世間煩
惱染過而不為煩惱過之所染以乘正道故
而不名為過七地煩惱染若菩薩捨一切功
用行從七地入第八地尒時名為乘菩薩清
淨乘行一切世間如實知一切煩惱染過而
不為煩惱過之所染以得過故佛子菩薩住
是第七菩薩地過多貪欲等諸煩惱衆是菩
薩住此菩薩遠行地中不名有煩惱者不名

薩住此菩薩遠行地中不名有煩惱者不名
无煩惱者何以故一切煩惱不行故不名有
煩惱者貪求如来智慧未滿足故不名无煩
惱者
論曰云何上地增上智慧方便行菩提分功
用滿足故如經何以故佛子菩薩從初地来
乃至七地得諸智慧所行道乃至當以大願
力大方便智力大神通力乃可得過故從初
地来離遠一切煩惱不現如是此地名為深
淨非深行如入行平等道故彼菩薩此地中
隨力介非捨功用道如轉輪王譬第八地中自
然得離行過煩惱染過不現如生梵世捨轉
輪王人身如經諸佛子譬如轉輪聖王乃至
不為煩惱過之所染以得過故佛子菩薩住

至新地是故此地不名離煩惱行有
故菩薩住此遠地行中不名有煩惱者乃至
未滿是故不名无煩惱者如是前上地勝差
別久已說次說雙行果差別此有四種相一
業清淨二得勝三昧三過地四得勝行云何
業清淨
經曰是菩薩住此第七菩薩遠行地中畢竟
成就深淨身業畢竟成就深淨口業畢竟成
就深淨意業是菩薩所有不善業道諸佛所
呵皆已捨離所有善業道諸佛所嘆是則常
行世間所有經書伎術如五地中說自然而
行是菩薩於三千大千世界中得為大師唯
除諸佛及八地菩薩无有衆生深心妙行能
與等者是菩薩所有禪定三昧三摩跋提神
通解脫一切現前有行門中非善成就報力

隨說依尤八地菩薩无有異三淨心如彌前
與等者是菩薩所有禪定三昧三摩跋提神
通解脫一切現前脩行門中非善成就報力
如第八菩薩地是菩薩住此第七菩薩遠行
地於念〻中具足脩集方便智力及一切助
菩提分法得轉勝具足
論曰業清淨者有四種相一戒淨勝如經是
菩薩住此第七菩薩遠行地中畢竟成就深
淨身業乃至是則常行故二世間智清淨勝
如經世間所有經書伎術乃至自然而行故
三得自身勝心行二乘等无與等者如經是
菩薩於此三千大千世界中乃至深心妙行无
與等者故四得勝力禪等現前勝如經是菩
薩所有禪定三昧乃至得轉勝具足故是中
衆禪定三昧三摩跋提神通解脫爲教化衆

生故寂滅樂行故滅定三摩跋提如是次第
如是雙行果業清淨四種相已說次說得勝
三昧
經曰是菩薩住此第七菩薩遠行地中入名
善擇智菩薩三昧善思義三昧益意三昧分
別義藏三昧擇一切義三昧善住堅根三昧
智神通門三昧法界業三昧如來利益三昧
入名種種義藏世間涅槃門菩薩三昧菩薩
如是大智通門滿足上首十三昧能入百千
菩薩三昧門淨治此地
論曰得勝三昧者有十種相一依未觀義二
依已觀義如經是菩薩住此第七菩薩遠行
地中入名善擇智菩薩三昧故善思義三昧
故三依一句无量義勝四依一義說无量名
如經益意三昧故分別義藏三昧故五依通

故三依一切无量義勝四依一義說[illegible]
如經益意三昧故五依通
一切五明處智如經擇一切義三昧故六依
煩惱障淨真如觀堅根故如經善住堅根三
昧故七依智障淨有四種障淨故一勝功德
障此對治如經智神通門三昧故二无障𭊀
智障此對治如經法界業三昧故三於滌上
佛法怯弱障此對治如經如來利益三昧故
四不住行障此對治如經入名種種義藏世
間涅槃門菩門菩薩三昧故種〻義藏有種
種善根故如是大智通門滿足上首十三昧
餘入百千万菩薩三昧門淨治此地故已說
得勝三昧次說過地
經曰是菩薩得是三昧智慧方便善清淨故
得大悲力故過聚閑靜至佛地現前思量遂

知慧地

論曰過聲聞辟支佛地者有二種相一脩行
方便智力二大悲力故現前者能入法流水
思量智慧地者八地智慧應知但觀奢摩他
毗婆舍那道彼處成就故復次過者業勝故
亦現

經曰是菩薩住此第七菩薩遠行地中无量
身業无相行无量口業无相行无量意業无
相行是菩薩善清淨行故得无生法忍光明
解脫月菩薩言佛子菩薩住菩薩初地有无
量身業无量口業无量意業已過一切聲聞
辟支佛行成金剛藏菩薩言佛子觀大法故
過非是自智行力此第七菩薩地得自智行
力觀故一切聲聞辟支佛所不能壞佛子譬
如王子生在王家具足王相勝一切臣衆以

如王子生在王家具足王相勝一切臣衆以
豪尊力故非自智行力故若身長大自具智
力所作事成過一切臣衆如是佛子菩薩初
發心時已勝一切聲聞辟支佛以深心大故
今住此第七菩薩地中自智行住故過一切
聲聞辟支佛事
論曰无量三業无相行者入已遠離相是无
量聲聞緣覺之有淨業遠離相非无量相不
能利益一切衆生故復次此无量勝餘下地
事故善清淨行者修方便行滿足故无生法
忍光明者相現前故王子喻者此地中勝過
亦現修方便行滿足故自智行住者方便行
盡念觀住故如經佛子譬如王子生在家王
乃至自智行住故過一切聲聞辟支佛事故

量方勝乘故
經曰諸佛子是菩薩住此第七菩薩遠行地
得深甚遠離无行身口意業轉求勝行而不
捨離
論曰甚深者遠入故遠離者彼鄣殘故无行
者彼餘出世間地不能行故身口意業轉
求勝行而不捨離者聲聞辟支佛雖離彼
相業不如是得少爲足不求上行故如是變
行果過二乘地已說云何得勝行
經曰解脫月菩薩言佛子菩薩從何地來能
入寂滅定金剛藏菩薩言佛子菩薩從第六
地來能入寂滅定今住此第七菩薩地於念
念中能入寂滅定而不證寂滅定是菩薩畢
竟成就不可思議身口意業佛子是諸菩薩
行實際行而不證寂滅定佛子譬如有人乘

行實際行而不證寂滅是佛子辟如有人乘
大船舫入於大海善知行船善知水相不爲
大海水難所害如是佛子菩薩住此第七菩
薩地中乘諸波羅蜜船行實際行而不證寂
滅是
論曰行實際行而不證寂滅是以不捨有故
如經金剛藏菩薩言佛子菩薩摩訶薩從第
六地來能入寂滅是乃至而不證寂滅是故
如是三摩跋提勝行已說次說發起勝行
經曰菩薩如是通達三昧智力脩行起大方
便智力故現身世間門深心涅槃雖眷屬圍
遶而心常遠離以願力受生三界而不爲世
間所染心常寂滅以方便力而還熾燃雖燃
不燒隨順佛智轉聲聞辟支佛地通達諸佛
境入魔境界[illegible]

說大進行所深心不捨伏濟通達一切世間
事心常在出世間道法所有莊嚴之事勝諸
天龍夜叉乾闥婆阿脩羅迦樓羅緊那羅摩
睺羅伽人非人四天王釋提桓因梵天王而
不捨樂法念
論曰發起勝行者有八種行共對治攝一起
功德行隨順世間明如經菩薩如是通達三
昧智力修行起大方便智力故現身世間明
深心涅槃故二上首攝餘行如經雖眷屬圍
遶而心常遠離故三願取有行如經以願力
受生三界而不為世間所染故四家不斷行
遠離貪欲隨煩惱使而亦貪欲行事如經心
常寂滅以方便力而還熾然雖然不燒故五
入行如經隨順佛智轉聲聞辟支佛地故六
資生行飲食睡夢等魔境界故如經通達諸

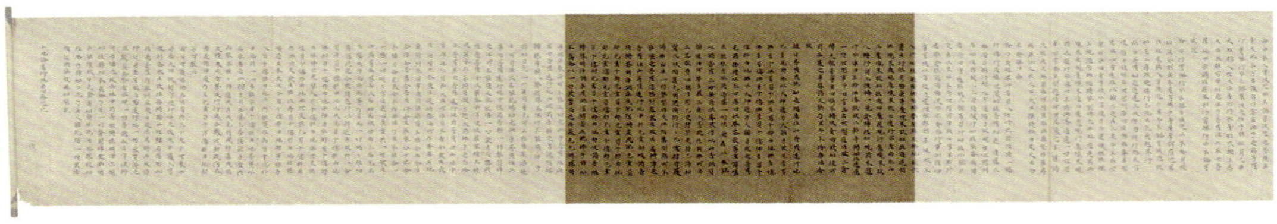

八行如經隨順佛智轉聲聞辟支佛地故六
資生行飲食醫藥等魔境界故如經通達諸
佛境界藏現魔境界故七退行示老病死此
三魔境界故如經過四魔道現行魔境界故
八轉行有三種轉一見貪轉經如現諸外道
行而深心不捨佛濟故故二鄣等轉如經通達
一切世間事而心常在出世間道法故三貪
轉天龍等尊重心攝取轉破貪心故如經所
有莊嚴之事勝諸天龍乃至而不捨樂法念
故
經曰菩薩成就如是智慧住此菩薩遠行地
已多見諸佛以大神通力大願力故見多百
佛多千佛多百千佛多百千那由他佛多億
佛多百億佛多千億佛多百千億佛多百千
億那由他佛以大神通力大願力故是菩薩

[illegible]讚佛時以上心深心供養恭敬尊重讚嘆
衣服飲食臥具湯藥一切供具悉以奉施
以諸菩薩上妙樂具供養衆僧以此善根皆
願迴向阿耨多羅三藐三菩提於諸佛所生
上恭敬專心聽法聞已受持聞受持已得如
實三昧智慧光明隨順修行〻〻已憶持守護
諸佛正法一切聲聞辟支佛智慧問難所不
能壞是菩薩復能利益衆生故法忍轉淨是
菩薩住此菩薩遠行地中於无量劫彼諸善
根轉勝明淨調柔成就復轉盡成就无量百
劫无量千劫无量百千劫无量百千那由他
劫无量億劫无量百億劫无量千億劫无量
百千億劫无量百千億那由他劫彼諸善根
轉勝明淨調柔成就復轉盡成就佛子辟如
本真金以一切衆寶具足莊嚴光色轉勝明

本真金以一切衆寶具足莊嚴光色轉勝明
淨餘莊嚴具所不能及如是佛子菩薩住此
第七菩薩遠行地中彼諸善根從方便智起
轉勝淨明一聲聞辟支佛所不能壞佛子
譬如日光一切星宿月光所不能壞閻浮提
內所有溪水悉能乾竭如是佛子菩薩住此
第七菩薩遠行地中彼諸善根一切聲聞辟
支佛所不能壞又能乾竭一切衆生增煩惱於
深是菩薩十波羅蜜中方便波羅蜜壞上餘
波羅蜜非不脩習隨力隨分諸佛子是名略
說菩薩第七菩薩遠行地若菩薩住此地中
多作他化自在天王所作自在善令衆生發
生正智亦令衆生渡煩惱海所作善業布施
愛語利益同事是諸福德皆不離念佛念法
念僧念菩薩念菩薩行念波羅蜜念十地念

不壞力念无畏念不共佛法乃至不離念一
切種一切智〻常生是心我當於一切眾生
中為首為勝為大為妙為微妙為上為无上
為導為將為師為尊乃至為一切智〻依止
者復從是念發精進行以精進力故於一念
間得百千億那由他三昧見百千億那由他
佛知百千億那由他佛神力能動百千億那
由他佛世界能入百千億那由他佛世界能
照百千億那由他佛世界能化百千億那由
他佛世界眾生能住壽百千億那由他劫能
智過去未來世各百千億那由他劫事能善
入百千億那由他法門能變身為百千億那
由他於一一身能示百千億那由他菩薩以
為眷屬若以願力自在勝上菩薩願力過於
此數示種〻神通或身或光明或神通或眼

此數亦種種神通或身或光明或神通或眼
或境界或音聲或行行或莊嚴或加或信或
業是諸神通乃至无量百千万億那由他劫
不可數知
論曰守護諸佛正法者於三千大千世界中
得爲大師故脩方便行滿足故彼守護上首
故利益衆生故法忍轉顯此地釋名應知如
經是菩薩復能利益衆生故法忍轉淨故脩
行一切用盡至故名爲遠行地一切衆寶具足
莊嚴真金餝者亦現一切菩提分法方便行
一切用滿足故此地中諸善根轉勝明淨亦現
如經譬如本真金乃至一切聲聞辟支佛所
不能壞故日光喻者如有地說此地勝故如
經佛子譬如日光乃至又能乾竭一切衆生
煩惱於衆故緣四有光

十地論遠行地第七卷之九

一校

BD01122 佛名經（十六卷本）卷一二

385cm × 25cm

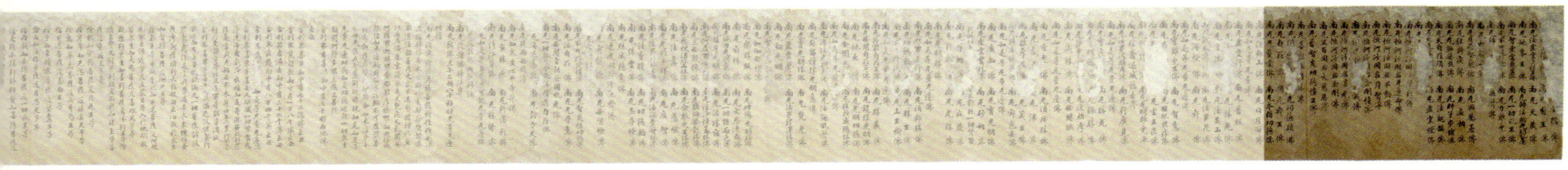

□安隱佛
□□上隱□佛　南无醫王佛
南无法虛空上勝王佛　南无天藏佛
南无地峯王佛　南无轉法輪光明王佛
南无智虛空藥王佛　南无一切吼王佛
南无不可今火佛　南无力雞兜佛
南无轉□□　□明屑佛
南无栴檀山佛
南无具足堅衆佛　南无垢婆差佛
南无住持疾佛　南无遍相佛
南无无垢婆侯佛　南无師子步脩佛
南无天自在頂佛　南无法起攝佛
南无大光□□　□无虛空燈佛
南无□

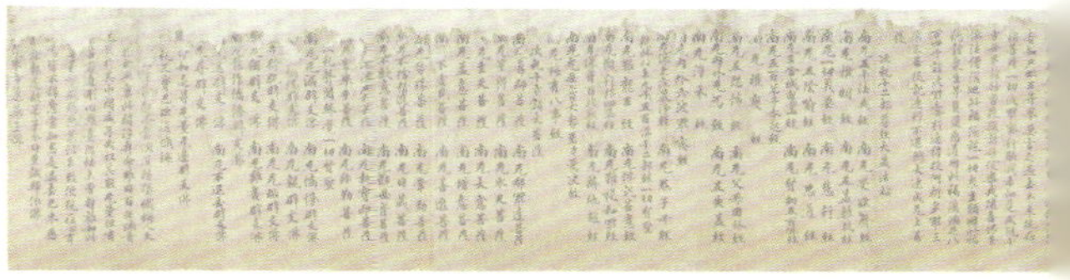

南无恒河沙同[illegible]稱佛
南无恒河沙同名无邊命佛
南无恒河沙同名不動佛
南无恒河沙同名月智佛
南无恒河沙同名金剛幢佛
南无恒河沙[illegible]底佛
南无恒河沙同名善光佛
南无恒河沙同名金剛佛
南无五百同名大慈悲佛
南无普智实功德幢王佛
南无善逝[illegible]蓮勝佛
南无[illegible] 南无功德鬘佛
南无自在佛 南无寶王佛
南无无量愛佛 南无本稱功德佛

南无无量愛佛　南无本稱功德佛
南无須弥山佛　南无日月面佛
南无如是等无量佛
南无虚空行佛　南无普照佛
南无木……　南无勝光佛
南无雲勝佛　南无法実山佛
南无波頭摩□佛　南无法界花佛
南无海燈佛　南无寂佛
南无如是等无量无邊佛
南无寶雞兜王佛　南无智意佛
南无思……　南无因陁羅勝佛
南无不……　南无雲王畏佛
南无知勝……佛　南无光明雞兜佛
南无恭奮丞威德去佛

南无法界波頭摩佛　南无行廣見佛
南无如是等无量无邊佛
南无寶光[illegible]　南无勝光佛
南无寶功德佛　南无海勝佛
南无法光[illegible]　南无波頭摩佛
南无藏勝佛　南无世間眼佛
南无如是等无量无邊佛
南无香光佛　南无湏孫勝佛
南无獄[illegible]　南无淥佛
南无勝摩尼佛　南无藏王佛
南无勝威德王佛　南无寂色去佛
南无如是等无量无邊佛
南无廣知佛　南无寶光明佛
南无盡空雲勝佛　南无妙相佛

BD01122　佛名經（十六卷本）卷一二

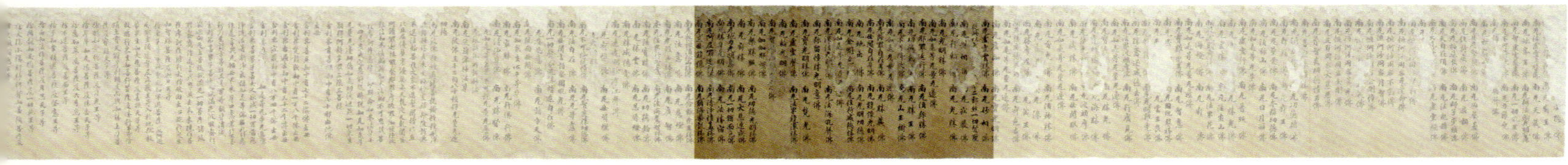

南无虛空雲勝佛　南无妙相佛
從此以上　十二部經一切賢聖
南无淨相佛　南无莊嚴佛
南无行輪佛　南无光勝佛
南无光明勝佛
南无如是等无量无邊佛
南无那羅延行佛　南无須弥勝佛
南无功德輪佛　南无勝王佛
南无不可降伏佛　南无山王樹佛
南无如是无量无邊佛
南无娑羅自在王佛　南无勝藏佛
南无世間自在身佛　南无鏡像光明佛
南无地出佛　南无光明功德佛
南无金剛[illegible]　南无住持威德勝佛

南无如題菩□□□佛
南无深法光明王佛　南无法海吼聲佛
南无弥留幢勝光明意佛
南无寶光明勝佛　南无梵光佛
南无虚空聲佛　南无法界鏡像勝佛
南无輪光明佛
南无智□高難勝光意佛
南无伽伽那燈佛
南无樂勝照佛　南无功德光明勝佛
南无寂勝佛　南无大悲速疾佛
南无地力光明意佛　南无一切脩面色佛
南无勝身光明佛　南无法勝宿佛
南无阿尼羅迷術佛　南无清淨幢蓋勝佛
南无三世鏡像佛　南无須海樂說勝佛

BD01122　佛名經（十六卷本）卷一二

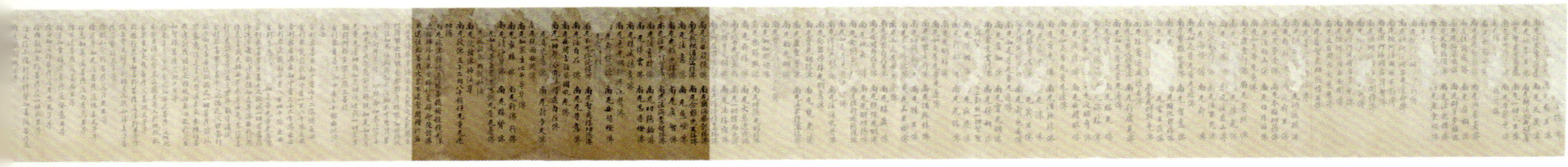

南无三世鏡像佛　南无顏海樂訖勝佛
南无甀愧須弥山勝佛　南无念雞兜王勝佛
南无法意佛　南无慧燈佛
南无光雞兜勝佛　南无廣智佛
南无法界行智意佛　南无法海意智勝佛
南无法寶勝佛　南无功德輪佛
南无勝雲佛　南无忍辱燈佛
南无勝威德意佛
南无速光明餘摩尼聲佛
南无寂憧佛　南无世間燈佛
无大[illegible]勝
南无不可降伏憧佛　南无智炎勝功德佛
南无法自在佛　南无无导意佛
南无世間言語登國九光佛

南无一切聲分[illegible][illegible]精進自在佛

无具足意佛　南无諸方天佛

南无現面世間佛

南无知衆生心平等身佛

南无寂勝佛　南无行佛　行佛

南无清淨身佛　南无勝賢佛

无如是等上首不可說无量无邊佛

南无彼諸佛所說妙法

南无彼諸佛妙法身

南无彼佛三十二相八十種好无量无邊

功德

南无彼佛種種道場菩提樹種種形像

南无種妙塔去來坐卧妙處歸命彼諸佛

不退法輪菩薩大衆不退聲聞僧比丘

BD01122　佛名經（十六卷本）卷一二

不退法輪菩薩大衆不退聲聞僧比丘
比丘尼優婆塞優婆夷天龍夜叉乾闥婆
阿脩羅迦樓羅緊那羅摩睺羅伽種種伏
衆信如来法輪轉如来法輪不可思議菩
薩摩訶薩悉皆[illegible]命歸命如来法身十
力四无畏戒定慧解脫解脫知見如是等
无量无邊功德如是功德迴施一切衆生
願得阿耨多羅三藐三菩提
舍利弗有善根劫中有七十那由他佛
出世
舍利弗善見劫中有七十二億佛出世
舍利弗梵讚歎劫中有一万八千佛出世
舍利弗名過去劫中有三十二千佛出世
舍利弗莊嚴劫中有八万四千佛出世

舍利……如是等无量无邊佛
舍利弗善男子善女人欲滅一切罪當應
淨洗浴著新淨衣稱如是等佛名礼拜應
作是言我无始世界来身口意業作不善
行乃至謗方等經五逆罪等願皆消滅
舍利弗善男子善女人欲滿足波羅蜜行
欲迴向无上菩提欲滿足一切菩薩諸波
羅蜜應作是言我學過去未来現在菩
薩摩訶薩脩行大捨破自出心施於衆生
如智勝菩薩及迦尸王等
捨妻子等布施愛之如不退菩薩及阿翅
那羅王須達拏及莊嚴王等入於地獄救
苦衆生如大悲菩薩及善眼天子等
救惡行衆生如善行菩薩及勝行王等捨

BD01122　佛名經（十六卷本）卷一二

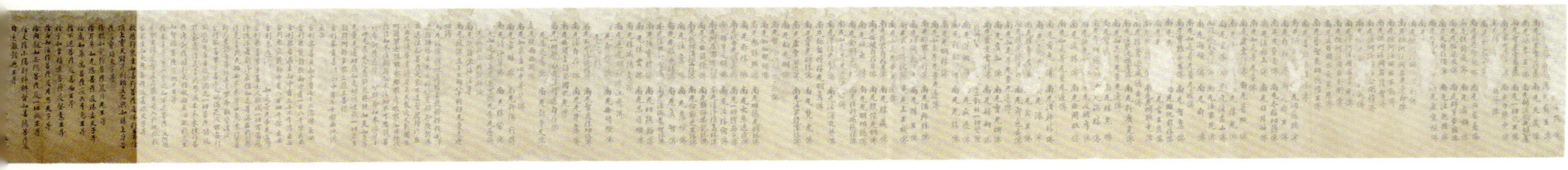

救惡行衆生如善行菩薩及勝行王等捨
頂上寶天冠并剎頭皮而與如勝上身菩
薩及寶髻天子等
捨眼如愛作菩薩及月光王等
捨耳鼻如无怨菩薩及勝去天子等
捨齒如華齒菩薩及六牙象王等
捨不退菩薩及善面王等
捨手如常精進菩薩及堅意王等
捨血如法作菩薩及月思天子等
捨肉髓如安隱菩薩及一切施王等
捨大腸小腸肝肺脾腎如善德菩薩及
自遠離諸惡王等
捨身一切大小支節如法自在菩薩及光
華天等捨支如青爭藏菩薩及金色天子

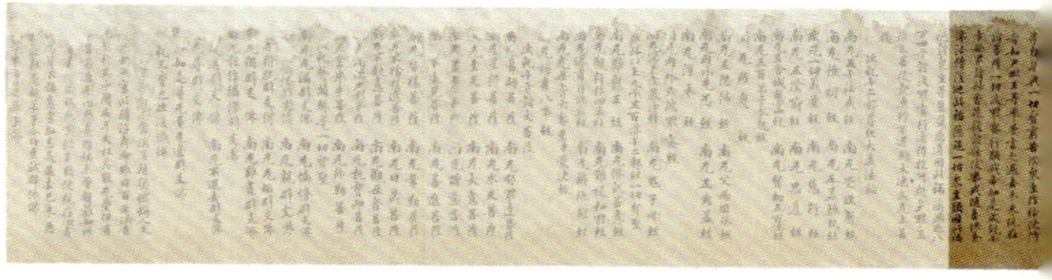

金色鹿王等捨手足指如堅精進菩薩及
金色王等
捨肉指血如不可盡菩薩及求善法天子
等爲求法故入大坑如精進菩薩及求妙
法王精進等受一切苦惱如妙法菩薩及
速行大王等
捨四天下大地及一切莊嚴如得大勢至
菩薩及勝功月天子等
捨身如摩訶薩埵菩薩及摩訶薩婆羅
等自身與一切貧窮苦惱衆生作給使侍
者如尸毗王等舉要言之過去未來現在
諸菩薩一切波羅蜜行願我亦如是成就十
方世界諸妙香花幢諸妙伎樂我隨喜供養
佛法僧復迴此福德施一切衆生願因此福

BD01122　佛名經（十六卷本）卷一二

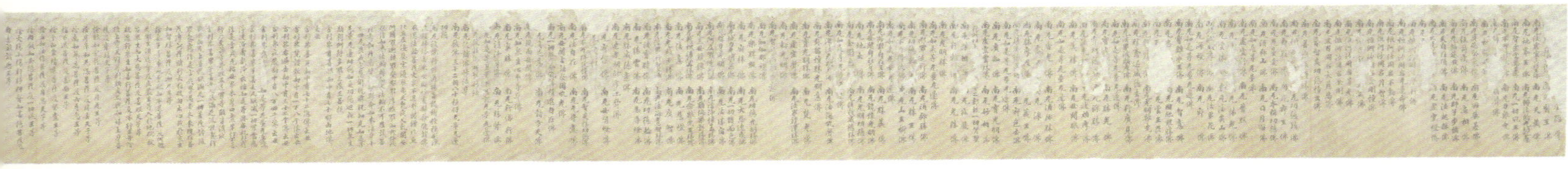

佛法僧復迴此福德施一切衆生願因此福
德諸衆生等莫墮惡道因此福德滿足八
万四千諸波羅蜜行速得授阿耨多羅三
藐三菩提記速得不退轉大速成无上菩
提

次礼十二部尊經大藏法輪

南无五十法式經　南无受欲聲經
南无惟明經　南无五蓋離疑經
南无一切義要經　南无慧行經
南无五陰喻經　南无思道經
南无王舍城鷲山經　南无賢劫五百佛經
南无五百弟子本起經
南无摧變經
南无五恐怖經　南无父母因緣經

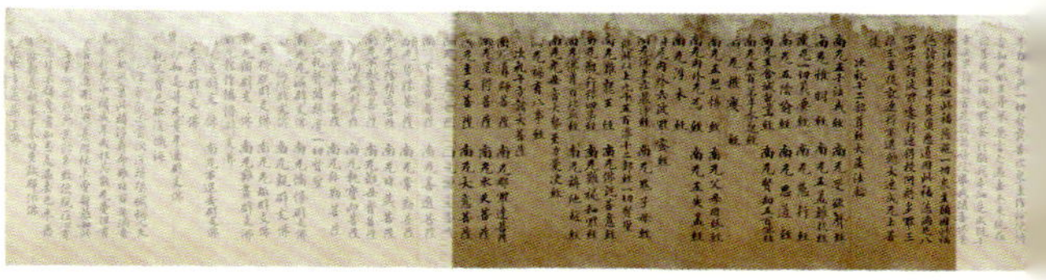

南无内外无爲經　南无五失蓋經
南无浮木經
南无内外六波羅蜜經
南无佛土莊嚴淨經　南无鬼子母經
從此以上九千五百佛十二部經一切賢聖
南无難龍王經　南无佛説菩薩意經
南无觀行移四事經　南无難提和羅經
南无佛有百比丘經　南无蒱陁越經
南无光世音大勢至力受決經
南无梅有八事經
次礼十方諸大菩薩
南无導師菩薩　南无那羅達菩薩
南无星得菩薩　南无水天菩薩
南无主天菩薩　南无大意菩薩

BD01122　佛名經（十六卷本）卷一二

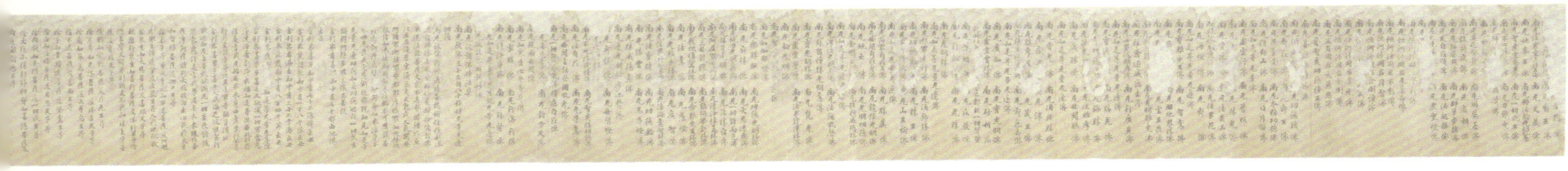

南无主天菩薩　南无大意菩薩
南无益意菩薩　南无增意菩薩
南无不虛見菩薩　南无善進菩薩
南无勢勝菩薩　南无常勤菩薩
南无不捨精進菩薩　南无日藏菩薩
南无不缺意菩薩　南无觀世音菩薩
南无滿濡尸利菩薩　南无執寶印菩薩
南无常舉手菩薩　南无弥勒菩薩
敬礼聲聞緣覺一切賢聖
南无无漏辟支佛　南无憍慢辟支佛
南无憍慢辟支佛　南无親辟支佛
南无得脫辟支佛　南无无垢辟支佛
南无獨辟支佛　南无難畫辟支佛
南无無作憍慢辟支佛

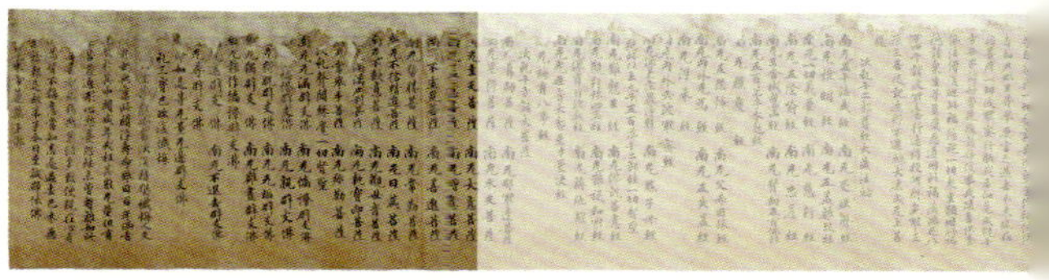

□退居士佛　南无不退去居士佛

□无壽辟支佛

□命如是等无量无邊辟支佛

礼三寶已次復懺悔

一塗□□想今當次復稽顙懺悔人天

報相與稟此閻浮壽命雖曰百年滿者

乞哉於其中間盛年夭枉其數无量但有

下苦道逼形心愁憂怨怯未曾暫離如此

是業□纖□與業諸多致使現在心有

為皆不稱意當知悉是過去已來惡

業餘報是故弟子今日至誠歸依佛

南无東方蓮華上佛

圖書在版編目（CIP）數據

中國國家圖書館藏敦煌文獻．第七五册／中國國家圖書館編．—北京：國家圖書館出版社，2024.12

ISBN 978-7-5013-7997-2

Ⅰ．①中… Ⅱ．①中… Ⅲ．①敦煌學－文獻 Ⅳ．①K870.6

中國國家版本館CIP數據核字（2024）第036787號

書　名	中國國家圖書館藏敦煌文獻·第七五册
著　者	中國國家圖書館　編
項目統籌	魏　崇　殷夢霞
責任編輯	黄　鑫　程魯潔　潘　竹　苗文葉
責任校對	劉　倩
出版發行	國家圖書館出版社（北京市西城區文津街7號　100034） （原書目文獻出版社　北京圖書館出版社） 010-66114536　63802249　nlcpress@nlc.cn（郵購）
網　址	http://www.nlcpress.com
排版印裝	天津裕同印刷有限公司
版次印次	2024年12月第1版　2024年12月第1次印刷
開　本	787×1092　1/8
印　張	37
書　號	ISBN 978-7-5013-7997-2
定　價	2800.00圓